# 山岡流経営学の真髄は
# すべてドラッカーから学んだ

山岡　歳雄

# 推薦のことば

岡会計事務所所長　税理士　岡　健　治

山岡歳雄氏とはもう一九年のお付き合いになります。最初に出会ったのが士業を営む団体の会合でした。一見、強面《こわもて》でしたがいざ話してみると、溢れ出る言葉の中には私が全く知らない事柄も多く、学び得るところが大いにありました。

本書の原稿を手渡された際、数時間ほどお話をお伺いしたところによれば、組織の持続的成長と経営のためのマネジメントシステムそのものは、一九六三年にドラッカーとデミングとともに構築し、それをＤＤＹと命名したとのこと。「事業プロセスマネジメントシステム」と「ＩＳＯ９００１：二〇一五品質マネジメントシステム」を比較してみると、表現は多少異なるものの、要求事項としての内容は約九〇％が同じ仕組みということでした。これには、多少ＩＳＯを軽視していた傾向の私も衝撃を受けました。

と同時に、氏の指導のもとでＩＳＯの取り組みを目指すならば、組織の事業にとっては〝儲ける機会〟を存分に与えてくれるものと確信した次第です。

氏の言葉には、「シンプルはベスト」「リスク及び機会（強み・弱み・機会・脅威）」「不適合（不具合）の改善に要した経費（費用対効果）」等、マネジメントの要諦がちりばめられています。さらに、「トップマネジメントの説明責任」「方針と目標達成」「監視、測定、分析及び評価」「マネジメントレビュー」等、税理士の立場からも必要不可欠な要素がふんだんに入っており、品質・環境・労働安全衛生等々のマネジメントシステムの仕組みを、いとも簡単に説明してくれます。

こうしたマネジメントシステムが、私が岡山県で生まれた年にすでにＤＤＹの手により構築されていたのです。また本書にはドラッカーの名言が多数掲載されており、読者にとっては大変役に立ち、マネジメントのバイブルとしても使えるものと思います。

山岡氏は、ドラッカーとは四六年、デミングとは三〇年にわたる交流があり、多分日本人の中では最も長い時間、二人と付き合われた人物でしょう。しかも工学（土木）と経営学の博士号はもとより多くの資格を有しており、それらを有効に活かし、社会への貢献をご自身の身をもって実践されている姿勢には感服いたします。

以上をまとめれば次のようになります。

【マネジメントシステムの源流（ＤＤＹ／事業経営システム）】

ＤＤＹ交流期間・会った回数・ともに過ごした日数・交流した年数

・デミング（D）　一九〇〇～一九九三年（九三歳）・六回・六二日・三〇年
・ドラッカー（D）　一九〇九～二〇〇五年（九五歳）・一七回・二一七日・四七年
・山岡歳雄（Y）　一九三八～現在（七七歳）……DDの意思を継承

氏いわく、「DDとの関係は師弟であり、相棒である。特に、ドラッカーに感謝」。

氏はニューヨーク大学に留学して、工学（土木）と経営学の博士号を取得（三部門の博士を有する人も世にいるようです）されています。本書にはそうした専門的記述もありますが、紀行文と語録もふんだんにあるため、他の類書よりも理解しやすく、読んでストーンと頭に入ってきます。

二回目にお話を伺った際、「レビュー、検証、妥当性確認」及び「躾（しつけ）」の重要性、並びに「〈慣れる〉ことの前に〈だれる〉こと」の恐ろしさがよく理解できました。私は反省しなくてはならないこととして、心に銘記しました。

本書をお読みいただければ、マネジメントシステムの大黒柱である「品質マネジメントシステム―要求事項」（ISO9001：二〇一五年版）の内容が、よりいっそうわかっていただけるものと思います。

# はじめに

もしも自分が別の大学で学んでいたなら、ドラッカーやデミングらとの出会いもなく、まったく別の仕事を選んでいたことだろう。

また、休学もせず、普通の学生と同じように進学していれば、学長（関東学院大学）の私設秘書（私は、〝書生〟と思っていたが、学長夫妻いわく、立派な〝秘書〟だったという）として、一九六〇（昭和三五）年八月から寝食をともにしておらず、ドラッカーにもデミングにさえも出会うことは叶わなかった。

さらに、ドラッカーが学長を訪ねることがなければ……などと過去を振り返ってみれば人の運命は不思議である。

もっと遡《さかのぼ》れば、大学に行かず、また兄が生きていれば休学もしていなかった。過去を追跡すればするほど、人の定めは自分で決定することは不可能であることもわかる。

ドラッカーが五〇歳で、私が二二歳。まるで親子ほどの歳の差。初めてお会いした時の印象は?と、最近私と同年代の方から質問をうけたことがある。〝背が高く、鋭い眼光……でも笑顔で対等に話すことができ、父のようでもあり兄のようでもあった。好奇心旺盛（これは私と一緒）な人……〟と答えた。

ニューヨーク大学に短期留学して工学博士号と経営学博士号をいただくことができ、マネジメントの世界に入って今もなおその世界で活動できているのは、ドラッカーを中心とするさまざまな人々との出会いと絆を大切にしてきた私へのご褒美《ほうび》かと日々感謝している。と同時に、ドラッカーとデミングの意思を受け継ぐことが、彼らへの恩返しだと思いながら、マネジメントシステムを通して、社会への貢献を忘れることなく働き続けている。

ニューヨーク大学における講演（最初）、クレアモント大学における講演（最後）のチャンスを与えてくれたドラッカーらに感謝する。感謝という言葉を使うのは簡単だが、この感謝の心を態度で表してこそ本当の感謝に相応しい。その行動がこれまでに〝人財〟と〝マネジメント〟に関連する本となり、それが世の中に少しばかりでもお役に立っていることが恩返しであると思っている。〝継続は力なり〟である。

本書では、ドラッカーと最初に出会った一九六〇（昭和三五）年から始まり、経営管理システムの体系化を目指す人々を対象に論議し、特別講演をドラッカー、デミングそして私の三人がクレアモント大学で行い、パネルディスカッション等多彩な催しに参加した際の実話を書いた。直接お会いしたときの会話や手紙などのやりとりで学んだこと、さらには一種のマネジメントに取り組むための教訓や諭しともいえる事柄にも言及した。

読者にとっては、日頃の運用に活かされてこそ本の価値があり、もしもこの類《たぐい》の本があれば、私だって即座に買うだろう。つまり、顧客の立場になって表現することに気配りをした。

ドラッカーは日本絵画（特に水墨画）のコレクターとしても知られ、日本には多く来られている。いわゆる知日派である。初来日は一九五九（昭和三四）年だが、その翌年の八月に私は初めてお会いした。

奇《く》しくも二〇一五年、「ドラッカー・コレクション 珠玉の水墨画」展が千葉市、長野市、山口市等で開催され、展覧会場を訪れた私は久しぶりにご本人とお会いしたような気分になった。

独特の知覚力（敏感な知性）により、日本社会を多面的に分析し、その強み・弱み・機会・脅威等の評価を行ったドラッカーの業績が偲ばれる。

# 目次

## 二章　ドラッカーをメインとしたマネジメントシステムの素《もと》創り
### ――一九六一（昭和三六）年

目　次

# 序章　ドラッカーとデミング

# ドラッカー

## 生涯

マネジメントシステムの生みの親、ピーター・F・ドラッカー（Peter Ferdinand Drucker）は一九〇九年一一月一九日、オーストリアのウィーン生まれ。アメリカに渡り、サラ・ローランス大学で経済学・統計学の非常勤講師、ベニントン大学で哲学・政治学の教授。ニューヨーク大学でマネジメント学の教授（二二年間）、カリフォルニア州のクレアモント大学大学院社会科学部教授（八年間）において教鞭をとり、幾多の子弟の教育に携わった。ニューヨーク大学とクレアモント大学においては教授退任後も名誉教授として活躍された。

教育に携わるかたわら、政府のスペシャルアドバイザーも務め、マネジメントシステムを自ら実践したいという想いから、GE（ゼネラル・エレクトリック社）のコンサルティングに参与。当然、初期の段階ではISO・IECに関与していた。生涯で三〇冊余りの本、数十本の論文を書き、マネジメントに関する教育を実際に行い、アメリカ・日本を始め世界各国を視察訪問し、私を含め延べ何万人もの人に出会った。

二〇〇五年一一月一一日、九五歳にして、最後の勤め先のあったカリフォルニア州クレアモントの自宅にて、あの世に旅立った。

## 最後の文

〈一通目の手紙〉

想い出に今はひたるのみ。トシオ・ヤマオカに初めて出会ったのが、ゲン・シラヤマ宅で私設秘書をしていた君の二二歳の時から始まり、振り返ってみると、すでに経営者として活躍している五〇歳の君との間に、実に二八年間の永きにわたり交流することができた。数えてみると都合一七回（延べ二一七日間）のロング交流。手紙・書物・物品などのやりとりだけでなく、電話・電報もよく使ったように思う。これらの手段を含めると四六年（約一万六八〇〇日、時間にすれば約四〇万三〇〇〇時間）の超ロングの交流だったと今さらながら我が身を振り返り、音楽の日々を勝手に妄想。

二〇〇五年五月一八日、君の誕生日に合わせて

〈二通目の手紙〉

先般、トシオ・ヤマオカに出した手紙の控えを読んでみると、書き足らないこと、肝心なことを認《したた》めることを忘れていたので追伸を書く。

まず一つは、日本人の中で最も永く交流したのがトシオ・ヤマオカであった事実を君に知らせておきたかった。

次に、トシオ・ヤマオカから数年前にもらった手紙によると、クオリティ・マネジメントシステム（QMS）と環境マネジメントシステム（EMS）に関して、主任審査員として活躍するとともに、QMS、EMSおよび労働安全衛生マネジメントシステム（OHSAS）のコンサルティング活動を続行している様子に、私の見る目は正しかったことを伝えたかった。

最後の最後だが、ISO・IEC等国際規格は世界各国の進化とともに、変化と改訂が必要である。コンサルティングや審査機関での審査員として、言うまでもなく学びと実践により社会に貢献することを切に願う。デミング氏と私の意を継続してくれることを願う。君と初めて会った月日に合わせて認める。

二〇〇五年八月二〇日

この便りがまさかの最後となろうとは……。我が恩師の御冥福をここに祈る。

## 勲章の授与

一九六四（昭和四一）年：日本から勲三等瑞宝章を授与
二〇〇二（平成一四）年：アメリカで大統領自由勲章を授与

## デミング

### 略歴

アメリカの統計学者、ウィリアム・エドワーズ・デミング（William Edwards Deming 一九〇〇～一九九三年）は、品質管理の向上と経営の効率化を唱え、ドラッカーとともにニューヨーク大学で教授として勤務していた。

生涯、多くの専門書を刊行し、その印税によりデミング賞を創設、日本の企業もこの賞を糧《かて》としてTQMに取り組んできた。

### 出会いと交流

私が最初にお会いしたのは、一九六二（昭和三七）年。ニューヨーク大学に短期留学（九八日間）し、マネジメント学を専攻した際、主として統計学全般を担当していたのがデミング教授だった。ドラッカーが我ら学生（大学院生、社会人も含む）にデミング氏を紹介してくださったのが最初の出会いであった。

その後も視察・訪問や大学等でお会いした。都合四回（延べ日数三四日）、生活をともにした。手紙、書類・物品などを通じた交流を含めると三〇年間の永い交際となった。

## デミングからの最後の便り

最後となった便りは一九九三年一月一日で、A4で六枚、最終頁の末尾にサインがある。その中でも、今も記憶している文言は次のようなものだった。

(一)使われる立場は気楽だが、使う立場、人を導く立場になればなるほど、責任や義務が多々あり苦しい。しかし、この苦しみこそ己を磨き、成長を醸し出し、生きる喜びを満たすだろう……。

(二)品質管理は人の管理をメインとしなければならない。良い商品は人の魂と真心を存分に注ぐことでヒットする。そのためには人の力量向上に資金の出し惜しみをしてはならない。

(三)品質管理においては、入り口(インプット)の段階で自己能力評価・自己分析・要因別分析を実施し、各プロセスを管理する。出口(アウトプット)の部分では、さまざまな角度から考察し、評価・分析を怠っていては次のステップへの成長は見られない。統計分析評価はそのために存在する。

(四)君は少し遠慮しすぎているように私は思う。私と出会う前には、すでに工学博士の称号を得ていた。その後、私とドラッカーらが教授した結果、マネジメント(経営)に関する博士にもすでになっているものの、いまだに経営学博士の肩書が、最近の手紙においても見られない。君には何か思案するところがあってのことだろうが、両方の称号を堂々と公言することを私は望む。

※「経営と工学（建設）の博士の称号を名刺などに記すのは、一定の機会・時機を見て書くようにします」と返事を出した覚えがある。二〇一五年にQMS・EMS等が上位構造に基づきISO化した機会に、恩師からの進言に従うことにする。

## 九三歳で天国へ

デミング賞の創設者であるデミング氏は九三歳であの世に旅立った。

もしも私が学長の私設秘書（書生）になっていなければ、ドラッカーにもデミングにも会えずマネジメントシステムの業界にも参画していなかっただろう。運命《さだめ》とは不思議なものである。私にとってマネジメントとは人生そのものである。

一九六〇（昭和三五）年　ドラッカーと最初の出会い（四日間）
一九六一（昭和三六）年　ドラッカーをメインとして、マネジメントシステムの素創り（六日間）
一九六二（昭和三七）年　ヒューストンの想い出と工学博士（建設）合格認定（一〇日間）

一九六二（昭和三七）年　再び渡米、短期留学（マネジメント学専攻）（九八日間）
一九六三（昭和三八）年　渋沢栄一記念財団等、ドラッカー視察に同行（一七日間）
　　　同　　　　年　博士号授与式に出席（四日間）
一九六八（昭和四三）年　QMSのポイントを学ぶ（五日間）
　　　同　　　　年　デミングとドラッカーと私、東京にて（四日間）
一九七〇（昭和四五）年　ドラッカー来日、二宮尊徳ゆかりの地他（五日間）
一九七八（昭和五三）年　イリノイ州シカゴの旅で（六日間）
一九七九（昭和五四）年　カリフォルニア州サンフランシスコ（八日間）
　　　同　　　　年　メリーランド州とワシントン、デミングとも再会（七日間）
一九八二（昭和五七）年　西ドイツ、フランス、イギリスにて（一五日間）
一九八四（昭和五九）年　ニューオリンズにて一時の再会（五日間）
　　　同　　　　年　アメリカの主要となる州を視察、ドラッカーらと暮らす（八〇日間）
一九八五（昭和六〇）年　アメリカにて調査報告の意見を伺う（七日間）
一九八八（昭和六三）年　経営管理システムの体系化を目指し、論議と講演（八日間）

# 一章　ドラッカーとの最初の出会い

## ——一九六〇（昭和三五）年

## ドラッカーとの出会い

私は大学を一年休学する覚悟をしていたが、六か月ほどで物事の整理が終わり、縁あって関東学院大学の学長の自宅にいわゆる書生として卒業までの間お世話になった。

夏も終わりかける頃、ドラッカー夫妻とニューヨーク大学の大学院生ら一行が日本を訪れ、学長とともに大学へ来た。

大学は夏休みなので人もまばら。木造作りの校舎ばかりだった大学の校門を入ると、すぐ右には、まるで町工場のような建物があり、人々が夢中で働いている。後に聞き知ったのが、自動車会社と提携している整備工場であり、新技術研究の開発拠点だった。今の材料・表面工学研究所の前身である。

ミッションスクールだから、教会は当然ある。学校敷地内にある唯一の食堂は、確かトタン屋根でできた粗末な建物の一角にあった。私は図書館始め学校の敷地内を学長とともに案内した。私の担当は、荷物や資料を持つ役割。

学院長室に入るとコーヒーブレイクとなり、学院長と学長が学院全体の現状とこれからの構想を中心に話した。キリスト教の精神を全うするがゆえに校訓として〝人になれ、奉仕せよ〟の由来も説明した。授業で教わったことを再認識した。私が校訓に魅力を感じたことが正しかったことを確かめる良い機会であった。

夕食は学長宅でみんなでとるはずだったが、ドラッカーの奥様や同行してきた大学院生が遠慮したのか、横浜駅近くのホテルにて宿泊するといって、タクシーで大学を後にされた。

ドラッカーは「経営の神様」などといわれたが、〝マネジメント学〟の専門家である。孔子が「論語の生みの親」なら、ドラッカーは「マネジメントの生みの親」といっても過言ではない。

## 学長の方針

学長から伺った中で、今も心に鮮明に残っているのが以下の言葉である。

「大学教授は学力人格ともに優れた人でなければならない。すなわち正教授はよほど厳選されなければならない。卒業生の優秀なものを大学院に送り、また米国の二、三の大学に直結して毎年数名を留学せしめ、将来の正教授の養成をしなければならない。これは早速始めるべきである」

「学生はよく勉強し、先生方には時間と心のゆとりをもってよく勉強していただく。そうすれば先生方からよき講義を聞かせていただけることとなる。このように助け合いによって学風を興し、さらに高い学力水準の向上を図ろう」

「大学生は自主的でなければならない。大学という組織の中において、一定の大枠の中に収容されているけれど、大学はもともと一人ひとりの学生を一定方向に導くように学問技術を習得せしめ、あるいは一定の形の人間につくりあげようとは意図しない。学問技術の習得できる契機を供与し、環境を備えはするけれど、手を取ってこれを身につけさせる責任をもたない。これを自分のものにし、身につけるかどうかは大学生の側にその責任がある」

「君は、私の奴隷ではない。私設秘書だからといって私と妻からあれこれせよとは一切言わない。大学は学問の場である。したがって学ぶことを第一に優先して余裕のある時間をもって手助けをしてくれることで十分満足だ。基督教概論Ⅳと卒業論文のみパスすればよいのだが、さらなる上を目指して自分を磨きあげて人に奉仕するとよい」

学長がこの場であえて述べられた意図は、大学経営のあり方と、親がわりとして私を預かっているご自身の方針を、ドラッカーに理解してもらうためだったと思う。

## ドラッカーの言葉

▼組織は自ら戦略的経営に相応しい仕組みを事系列にわかりやすく、使いやすい内容で確立すること。
▼戦略的経営には、方針・目標を確立し、参同した全員が取り組むこと。
▼自分が望んでいることは相手も望んでいるに違いない。組織の全員が満足すれば、相手である利害関係者も満足するであろう。
▼組織で働く者全員が、それぞれの立場（職位）に相応しい力量をつけられるよう、経営者は資金と

時間、あるいは設備・環境を十分与えなければならない。
▼組織の〝強み・弱み・機会・脅威〟について、内部・外部からの声をくみとることにより、経営者は戦略的経営に専念しなければならない。

## ドラッカーの発想

わずか一晩の交流であるが、私の立場も十分考えてくださり、「もし、よければ〝トシオ・ヤマオカ〟に私のスタッフの一員として参画してもらい、マネジメントのシステムづくりのメンバーに加えてもよろしいか、ゲン・シラヤマ。日本ではゲン・シラヤマに従い、アメリカでは、できればニホンジンのメンバー第一号にしたいのだが……」などと学長夫妻と私の顔を覗きながらドラッカーが言った。

学長いわく、「彼さえ、良ければ、一向に構わない。できれば彼に留学の機会を与えていただければ、ことのほか良く、三方良しと考えます」。私も全く異論はなかった。三方良しの意味やドラッカーが聞くと「すべて良しでも良い」と学長は話され、その言葉の意味や近江商人の商いのやり方を説明された。

## 横浜市内視察

横浜市に外国人墓地は四か所ある。中区山手にある横浜外国人墓地は一八五四（嘉永七）年、横浜港に寄港していた戦艦「ミシシッピ」のマスト上から誤って転落死した水兵のために、海の見える場所に墓地を設置してほしいというアメリカ政府の意向を受けて作られた。それ以来、墓地には一九世紀から二〇世紀半ばにかけての四〇か国余、四四〇〇人余りの外国人が葬られている。

ご存じのようにこの外国人墓地は高台にある。幸いにも当日は天候にも恵まれ視界も良好。はるか彼方に富士山も見えて、ドラッカーも感激した様子。ドラッカーにはあらかじめ準備しておいた双眼鏡を渡し、横浜港を始めとする名所旧跡を資料と照らし合わせながら説明した。

続いて訪れたのは中華料理店が建ち並ぶ横浜中華街。

ドラッカーは、アメリカにも同じような中国人街はあるものの、これほどの規模の中国人街を見たのは初めてだと驚いた。その中の一軒に入って注文。出てきた料理の量の多さにもドラッカーは驚いたようだった。

中華街の後は横浜港を散策し、その後は関内、馬車道と回って神奈川県庁、横浜市役所を視察し、相生町界隈を歩いた後、カフェテリアで休憩をとった。ドラッカーはアメリカンコーヒーとドーナツ二個を注文し、一個はその場で食べて、もう一個は紙に包んでポケットにしまう。よほどドーナツが好きな様子。

その後、私たち一行は三春台に移動。そのあたりは関東学院の付属高校からすぐのところでもあり、白山学長はドラッカーに関東学院の由来やその歴史を簡単に話した。同時にここでも双眼鏡越しに東京や川崎、横須賀などそれぞれの方向を見渡しながら、目に入る地域をドラッカーに説明していた。

## 京都方面へ視察案内

京都でまず訪ねたのは宇治市内にある平等院。京都駅であらかじめ予約しておいたタクシーに乗り合わせ、平等院へ直行した。

平等院は一〇五二（永承七）年に創建された仏教寺院で、中堂と左右の翼廊、中堂背後の尾廊の計四棟が「鳳凰堂」として国宝に指定されているほか、木造阿弥陀如来坐像、金銅製の鳳凰像など数多くの国宝が収められている。なお、鳳凰堂が建立されたのは創建の翌年、一〇五三（天喜元）年。などと薀蓄を語るより、日本人にとって平等院鳳凰堂といえば一〇円硬貨の裏に描かれている建物として有名である。

平等院に到着すると、まず私たちは浄土式庭園の阿字池《あじ》越しに鳳凰堂を眺めた。

鳳凰堂がみごとに池面に映し出されていて、周囲の植木や庭園をも含めて目の前に広がる光景は一幅の絵のようであった。ドラッカーはこの景色をしみじみと見つめ、うっとりと物思いに耽《ふけ》っていた。

近くの茶店で抹茶と和菓子を味わった私たちは、次の目的地である宇治市の黄檗宗《おうばくしゅう》大本山萬福寺を目指した。

黄檗宗は臨済宗、曹洞宗と同じ禅宗の一つ。萬福寺はその黄檗宗の中心寺院で、明出身の僧・隠元によって一六六一（寛文元）年に創建された。建物や仏像の様式、および儀式作法、精進料理などはすべて中国風で、一般的な仏教寺院とは異なった景観を呈しているのが特徴である。

二時間ほど萬福寺を観覧した後は、本堂であらかじめ予約しておいた精進料理（普茶料理と呼ばれる葛と植物油を多く使い、一品ずつの大皿料理を分け合って食べるというもの）を味わう。

その後は京都市内に予約してあるホテルに直行。ホテルでしばしの休憩を取った後、タクシーに分乗して祇園界隈（八坂神社石段下附近）の四条通花見小路にある一力茶屋（祇園一力亭）に出向いて夕食を摂った。

一力茶屋といえば元禄時代の創業といわれる京都のお茶屋の中でも一流中の一流店。そして、そのお客もまた相当の財を有する人、あるいは有名人、知識人に限られる。大石内蔵助が利用していたことは歌舞伎の「仮名手本忠臣蔵」でも有名で、毎年、大石内蔵助の命日である三月二〇日には大石忌が行われる。また、幕末には近藤勇や大久保利通、西郷隆盛らも出入りしていたそうだ。

まさに京都ならではの雰囲気を味わうセレモニーを私なりに企画した次第。お座敷に上がる芸妓さんはもちろん、芸妓になる以前の舞妓さんも政財界や国内外の歴史などの知識が豊富で、接客の場所としてはこの上ない場所である。ドラッカーは芸妓さん、舞妓さんによる「京舞」を十分堪能した様子だった。

翌朝、私と通訳のSさんは一〇時少し前にフロント前に集合。その日の最初の目的地は伏見区にある藤森《ふじのもり》神社。

藤森神社は一八〇〇年以上の歴史をもち、菖蒲の節供の発祥地として有名で、毎年五月五日には駈《かけ》馬《うま》神事が行われる。また、六、七月ともなると三五〇〇株にもおよぶ紫陽花が満開となり、これもまた見事である。さらに、藤森神社は菖蒲の節供の発祥地であることから菖蒲＝尚武、勝負とかけて、また、武神が多く祀《まつ》られていることなどからも馬と勝負事の神社として知られている。

本殿には仁徳天皇、天武天皇を始め、数多くの皇室の人々が祀られている。

すぐそばにある有名な伏見稲荷大社を訪ねる前に、なぜ藤森神社に案内したのかと不思議に思う読者もいるかもしれない。実は伏見稲荷の敷地の大半はもともと藤森神社の敷地であったところ、稲の藁束《わらたば》を解き、藁を一本ずつ一列に並べ、「ここまでが我が稲荷の敷地だ」と主張したため、気の良い藤森神社の人が譲ってしまったとのこと。

「乗っ取りではないか？　今の時代ならば争いごとになるのでは……」

ドラッカーはそう言って憤慨したが、実はそれは冗談で、ドラッカーはニヤリと笑った後、次のように話された。

「他人の物を不法に自分の物にするよりも、与える心の豊かさがある藤森神社の人々、および藤森神社に関係する人はさらなる多くの徳を積むでしょう……」

この言葉には白山学長の奥様も納得していた。私は、さすがスケール＝人物の大きい人は言うことも違うなと感心した。

続いて全国四万といわれる稲荷神社の総本社で、商売の神様である伏見稲荷大社を訪ねた。伏見稲荷大社は「千本鳥居」でも有名。伏見稲荷大社を擁する稲荷山には全部で約一万基の鳥居があり、その中でも大社の奥社に至る部分はまるで赤いトンネルのように狭い間隔で鳥居が立ち並んでいて、それを千本鳥居と呼んでいる。

東山三十六峰の中心、深草山の北にある稲荷山の西麓一帯が伏見稲荷大社のすべてである。すべてを観るには半日は優にかかるので千本鳥居の分岐点で戻ることにした。

伏見稲荷大社の本殿に参拝した後は、私の提案で名物の「スズメのピン焼き」を食べることにした。多分、ドラッカーは不思議がるだろう。

スズメのピン焼きとは文字通りすずめを丸々一匹、羽根をむしって内臓を取り除き、甘辛いたれを付けて焼いたもの。伏見稲荷大社は稲、つまり農耕を敬う神社なので、農耕の敵である害鳥のすずめを食べる習慣がついたのである。参道で古くから経営しているお店に立ち寄り、タクシーの運転手も呼んできて一緒に頰張った。

ドラッカーは見慣れぬ食べ物にさすがに少々とまどっていたようだったが、一口味わった後は満足顔で全部食べてしまった。私は驚くとともに安堵《あんど》した。

スズメのピン焼きを食べながら話をするうち、いつしか私と通訳のSさんの母校・伏見高校の話になった。

「では、その母校に行ってみようではないですか？」

ドラッカーの決断力は誠に速い。

京都市立伏見高等学校（現　京都市立京都工学院高校）を前にした私に、ドラッカーが次のように質問した。

「勉強はどんな時間にしていたのですか？　時間の配分は？　そして、なぜ二人は生徒会活動をしていたのか？」

私は、以下のように答えた。

「一日二四時間は全地球人に平等に与えてもらっている。したがって一日二四時間は限りなく自分自身で自由に配分可能ではないでしょうか」

「授業は当然ながら生徒の義務であり、また自分のものにする権利があります。自分自身を育てるための機会を両親が与えてくださった限り、学ばなくてはならない。人のため、世のため役立つには限りなく勉強しなくてはならない。そのために授業がある」

「生徒会において活動したのは、一つには普通科から土木科までのいわゆる総合高校であり、自分が学んでいる土木科以外の人とも知り合いになり、交流ができるからである。二つ目は、自分の能力を試す場所であると思ったから。三つ目は、人のために活動することに意義があり、高校生として生きた証《あかし》が後々まで残り、後輩たちにその思いを伝授したいからである」等々……。

この間、時間にしてわずか二〇分程度だったが、自分の考えを述べる機会を与えてくれたドラッカーに感謝。彼はメモをとっていた。

さて、母校の後に訪れたのは京都市中京区にある島津製作所の本社と三条工場など。

島津製作所は京都市中京区に本社を置く精密機器、計測器、医療機器、航空機器などのメーカーで、初代・島津源蔵によって一八七五（明治八）年に設立された。

同社の創業の精神は、社是である「科学技術で社会に貢献する」と、経営理念である「人と地球の健康への願いを実現する」によく表れている。現在も島津製作所ではこの二つを企業活動の礎に組織運営がなされている。

島津製作所といえば、社員である田中耕一氏が二〇〇二（平成一四）年に「生体高分子の同定および構造解析のための手法の開発」でノーベル化学賞を受賞したことを覚えている方も多いと思う。当時、著名な大学の教授ではなく、会社員であった田中氏がノーベル賞を受賞したことで話題になった。

さて、京都には数多くの観るべき場所、訪れるべき場所がある中で、なぜ私が島津製作所を選んだのか。その理由をドラッカーらに次のように伝えた記憶がある。

明治初期、京都から江戸へ都が移るにあたって、皇族、武家、およびそれらの人々を支える職人たちなど総勢一二万人が江戸に移り住んだ。当時の京都市内の人口が約三〇万人だったそうなので、およそ四〇パーセントの人口が移動したことになる。

その結果、京都の産業構造が崩壊するのではないかと苦慮した初代島津源蔵は、「京都を何とかしなくてはならない」と考え、残された人々を励ました。そして、しっかりとコンセプトを説明したうえで、今でいうところの町興しに貢献することを決意した。そして、あらゆるものづくりとともに人づくりにも貢献した偉大な人物だった。

初代島津源蔵は多くの発明をしているが、二代目島津源蔵にもまた多くの発明があり、その中でも少し変わったものを挙げると、一九二五（大正一四）年、日本初のマネキンの製造を手掛ける会社「島津マネキン」の設立がある。

島津マネキンは一九四二（昭和一七）年に操業停止となったが、その後、島津マネキンの流れをくむ人々が新たにマネキン会社を創業した。そのため、京都ではマネキン産業が発達し、国内シェアの四〇パーセント強を占めるなど、全国一のマネキン都市とも言われるようになった。今も京都にはマネキン製造会社が多数ある。

ドラッカーを案内するにあたっては、「日本で最も多く創意工夫、研究開発、人づくり（人を育てる）、社会貢献、ならびに発明家といえる人物あるいは組織をぜひ視察したい」との意向をくんで、島津製作所を訪問したのである。

ドラッカー夫妻らと国鉄京都駅に到着すると、すでに私の母が和服姿で風呂敷をかかえて待っていた。ドラッカー夫妻や学長の奥様より年嵩である母。ゆっくりと二人だけで過ごす時間もなく、またホテルに泊まる機会もほとんどない母と同じ部屋（ツインベッド）で過ごすのもそう悪くはないと思った。

日頃は無口なほうだが、この時はよく話した。昔のこと（歴史）や京都ならではの風習などをドラッカーらに通訳のSさん（女性）を通じて話してもらう。京都の数日間の視察に母も大いに貢献してくれた。母はホテルに着くと、風呂敷から〝梅干し〟と〝辣韭《らっきょう》〟の入った器をそれぞれ三個取り出し、「外人さんってこんなもん食べるやろうか……」と私に相談した。

「食べるかどうかはわからんが、皆さんに夕食時に渡したらいいと思う」と言うと母は一安心。初日の夜に渡したところ、大いに喜んでもらった。母の自家製だったこともあり、さぞうれしかったに違いない。

ホテルで風呂上がりに、母の肩を叩いたり、手足なども揉み解《ほぐ》したりした。手足の爪が少し伸びているので、爪切りと爪切り鋏《ばさみ》で爪を切り、切った後ヤスリの部分で磨いたりした。前方にある鏡を見ると涙ぐんでいる様子だった。まだまだ母に世話をかけるのだから、これくらいの親孝行では全く足らない。

母は「何かの足しに……」と、大学へ向かう私にこっそり一〇万円手渡してくれた。親の有り難みに感謝!!

旅の途中、私はドラッカーにこんな質問をした。

「日本の先人で尊敬できる人物を挙げるとすれば、どのような人でしょう?」

すると、ドラッカーは少し考えてから、一〇人の名前を挙げた。

「渋沢栄一、二宮尊徳、福澤諭吉、立石一真、豊田喜一郎、松下幸之助、盛田昭夫、小林宏治、伊藤雅俊、大原孫三郎」

続けて、坂田祐、白山源三郎と私自身も私淑しているお二人の名前を挙げ、さらにこう言って私を驚かせた。

「山岡君、そして通訳のSさんもこれからの日本にとって必要な人物です!」

もちろん社交辞令ではあったと思うが、これには私とSさんも大いに感激し、この言葉にふさわしい人物になろうと誓い合った。

## ドラッカーに同行した三日半の間で学んだこと

こうして、ドラッカーに同行した三日半があっという間に終わった。短い時間だったにもかかわらず、ドラッカーが発した言葉の数々は今も私の胸に焼き付いている。私に直接話しかけた言葉もあれば、私たち一同に向かって言った言葉、あるいはさりげなくつぶやいた言葉もある。

その教えの一つひとつを私の財産にしたいと思う。ここに、その一部にすぎないが、メモに残したドラッカーの言葉の中から、日本人でもわかる事柄を列挙しておこう。

### ▼いつも笑顔、笑顔は周りの人を幸せにする。

笑う行為そのものが健康維持にとても良いことだ。他人から見てもあなたの微笑みはあなたを信頼してもらうことに役立つだろう。微笑んだからといって誰も怒ったりはしない。しかしそうはいっても、とってつけたような笑顔は他人を軽蔑しているかのように受け取られる可能性が大きいのでやめたほうがいいだろう。相手を侮ったり、見下したりするような笑顔は好ましくないものだ。

### ▼最初から一番（ゴールド）を目指す必要はない。しかし、先頭集団にはいつも入っておくこと。

物事を行う際に必ず一番になろうとする努力をしすぎるとかえって疲れがたまってしまい、体に良くないものだ。健康管理や精神的にもいいことではない。しかしながら、一番でなくてもいいといっても、先頭集団に入っておくことは大切だ。先頭集団に位置していれば、ここぞという時にエネルギーを全開にして一挙に一番になることも可能だ。エネルギーを蓄えておくことで心身ともに余裕を保つことができる。そのようにして蓄積しておいたエネルギーを一挙に放つことで堂々たる一位になることができる。

### ▼若いうちに学んだことは年老いたときにも役立つものだ。

学ぶことは小さい子どもの頃から始めたほうがいいだろう。だからといって子どものときに難しい本を読むことを推奨しているのではない。学ぶということは物事に関心をもち、興味を抱くことによって学びたいという心理的作用、つまり学ぶ意欲が自然と湧いてくる現象でもある。こうしたエンジンが作動したときこそが大切で、その結果、一挙に学ぶことで自分の体内に知識が吸収されるのだ。こうすればレベルの高い知識も頭の中に入り込んでくるだろう。

### ▼博学になるのは良くないと思うだろうがそんなことはない。

子どものときから一つのことだけに的を絞ってしまうのはあまりほめられたことではない。博学であることは大人になるための、いや知識人の仲間入りのためには絶対に必要な段階である。より多くのことを知っておくことで、その中から将来の道筋を決めることができるし、いったん道筋が決まった後に今度は深く専門的に学べばよい。ゆえに義務教育、もしくはハイスクールまでの期間はあらゆることを学んで身に付けることだ。ハイスクールから大学へ、大学から大学院へと進学すれば、そこで専門科目を学んだとて遅くない。

### ▼他人に教えるためには少なくとも二倍の労力が必要だ。

学生に教えるのは、教える側の自分にとってもさらに学ぶことができる、楽しい行為だ。しかしながら、教えるにあたっては最も新しい状況、最もふさわしい事象を確認し、調査を行って、自分が納得した結果をもって行動しなければならない。したがって教える側が必要とする時間は、たとえば二時間の講義ならば最低でも四時間は必要だ。場合によっては何日間も必要だろう。ただし、私の場合、何日もかかるようなときには学生諸君とともに現地に出向き、学びながら教える手法を実践することにしている。教える側の人間としては苦労するものの、そこには最も良く学ぶことができる喜びがある。

## ▼「五ゲン」で学ぶ姿勢は理に適《かな》っていることだ。

事物を検証するうえで、原理、原則、現場、現物、現実の「五ゲン」による手法は非常に重要なプロセスである。文章を書く場合にも事実確認が必要だ。文字に表して教える場合、とくに本や新聞などに公表する際には、自分が全く知らない人々、不特定多数の人々が読むこととなるから、真剣な姿勢で臨まないといけない。その際、大局的に事物を見ることは必要で、本だけを読んで納得するようでは「木を見て森を見ない」のと同じだ。部分的に見てすべてを知ったふりをするのは危険きわまりないことなので、五ゲン主義は非常に良いことではないだろうか。

## ▼今は何をなすべきか、未来を切り拓いていく力を身に付けよう。

物事はたえず変化するもので、多かれ少なかれ自分の意のままに一日を過ごすわけにはいかないことが発生するのが世の常だ。たとえば今日一日はのんびりと一人で散歩し、好きなものを飲食しよう、そして、コーヒーを飲みながら本を読もう……などと考えていても、突然の来訪者があったり、身近な人が急病になったり、大雨で外出困難になったりと、イレギュラーな事態に遭遇することが多々ある。そんなとき、瞬時に何を選択すればいいか判断できない場合には「直感力」が重要だ。直感力の鋭い人は正しい判断ができるので、直感力の鋭い人は未来を切り拓く力を兼ね備えている人だといえる。

**▼五臓六腑を大切にして生きよう。健康な体があればこそ確かな喜びが得られる。**

健康体でなければ何事も貫徹できない。病気に陥っては学びも働きも、遊びも何もかもが不可能となる。「心・肝・脾《ひ》・肺・腎」の五臓と「大腸・小腸・胆・胃・三焦《さんしょう》・膀胱《ぼうこう》」の六腑は大切だが、何といっても首から上の目・口・耳・鼻・脳の頭部や手、足など、人間の体すべてが健康であれば、充実した生活を送ることができる（三焦とは特定の臓器のことではなく、生命を燃やす三つの場所という意味で、「上焦・中焦・下焦」のこと。上焦は横隔膜より上部、中焦は上腹部、下焦はへそ以下にあり、それぞれ体温を保つためにたえず熱を発生している器官とされている）。

**▼大きな失敗を二度としないための対策を講じること。だが、小さな失敗をおろそかにしていないだろうか。**

とてつもない大失敗はみんなが注意し、その後は誰もが反省するので、よほどの怠け者でない限り、同じような失敗は二度と起こさないはずだ。ところが、小さな失敗や何でもないような失敗に人は鈍感になりがちである。よく考えてみると、たとえ小さな失敗でも度重なると大失敗につながることがある。小さな失敗を「これくらいはいいや」と思っていると、いつかとんでもないことになりかねない。たとえ小さな失敗といえども大失敗と同様に反省し、二度と起こさないように改善することが重要だ。それを怠ると人は他人から信用されないし、尊敬もされない。

### ▼歴史を知る、先人を知る、今を知る、良いことは何でも知ることだ。

現在をよく知るためには昔のことも知っておいたほうがいいだろう。歴史の真実や先人の教え、生き方を学ぶことによって、今日と未来への躍進へのプロセスを明確に表すことが可能になる。過去の歴史や哲学、倫理、心理、文化、経済など、自国のみならず諸外国のことも学んでおくと人生は素晴らしいものとなるはずだ。私の専門はマネジメントですが、ありとあらゆることを知ることで確信をもって他人にマネジメントを教えることができるようになった（今も日々学んでいるが……）。誰もがそういった心得さえあれば同じことができるはずである。

### ▼似ることで成長するものだ。知育・徳育・体育のすべては真似るとともに一工夫するとよい。

学問や道徳、体育は、教える人から、あるいは書物などの情報からすべて学び取り、しっかり自分のものにすることだ。ただし、自分のものとしたことを何の工夫もなしにそのまま行動に移したのでは人並みに終わり、ごく平凡な答えしか出ない。そこに進歩はない。時代は刻一刻と変化しているのだから、身に付けたことにプラスアルファ、つまり二〇パーセントから場合によっては数倍に相当することを加えるか、もしくは変換して活用することで凡人以上の優れた人となれるのである。

## ▼褒めることは良いことだ。褒められて怒る人なんてこの世にいないだろう。

仮にあなたが誰かに褒められるとして、そのときの気分はどのようなものか、想像してほしい。やはり誰だって褒められたらうれしいはずだ。怒ったり批判をすることは簡単だが、その後は自分も相手も心の中がズキズキと痛むばかりだ。しかし、褒めた後は自分も相手も心が浮き浮きしてくるはずである。褒める方法としては、心を込めて優しく褒めることだ。学校や職場で、あるいは家族内で褒め合うことは人間として良い生き方だ。ただし、注意する必要があるときははっきりとその場で、あるいは二人きりのときに注意して、その後は相手をそっと見守ってやることだ。その結果、相手の態度が直ったならば褒めてあげることだ。

## ▼日本の歴史や文化は素晴らしいものだ。人も素晴らしく企業も躍進への下地はいつもある。

日本はアメリカが独立する以前から存在している歴史ある国だ。しかも、第二次世界大戦後は全国民が知力と体力を駆使して協調し、真面目に働いたがゆえに猛烈なスピードで西欧諸国を抜いてアメリカに次ぐ世界第二位の経済大国となった。おそらく今後も日本は躍進し続けるだろう。さらに、神社仏閣、草花、丘陵、山々、河川、湖、港、町並みと、日本は素晴らしく美しい景色にあふれている。長きにわたる歴史が物語っているように、街行く人々や出会う人々は、みな礼儀作法を身に付け、心底から癒されたものだ。各地の心のこもった食事への気配りやもてなしには恐れ入った。日本には何度も来たいものだ。

**▼資格はいくつもっても重くはない。企業で働く人はダブル博士やトリプル博士の称号を有しているとなおいっそう良い。**

私のように教授という仕事の場合は細分化されている専門科目に専念し、学生諸君を導く使命がある。特にマネジメント学は分野が広大であり、視察もし、新規性に富んだ知識を貯えリードしなくてはならない。言い訳のように聞こえるが事実だから仕方がない。

一方、企業人とくに経営者もしくは経営者を目指す人は、一つではなく、二つ三つと博士号を得るとよい。何も恐れることはない。欧米にはダブルやトリプルの博士も数は少ないもののおられる。私の調べたところでは、日本人にも三人過去におられた。

若者ならば、経営者を目指すならば、これを目標の一つに加えることを勧める。博士号のみならず、他の資格もしかり。資格をいくら取っても重荷にはならない。

最後の話をした直後、ドラッカーは私にこう言った。

「その中の一人があなただ。あなたは若い人の代表たる人物で、苦を苦とも思わず、忍耐力があり、頼もしい限りだ。あなたは自分の理念と目的と目標をしっかりと確立していて、実行もしているから、将来が楽しみである」

私はこの言葉に思わず感激したが、後で考えるとこれは私一人に言った言葉ではなく、日本の若者すべてに対するドラッカーの期待ではないかと思い至った。

# 二章　ドラッカーをメインとしたマネジメントシステムの素《もと》創り

——一九六一（昭和三六）年

## ドラッカーの呼びかけに賛同

「この世の未来を考えると、世界共通のマネジメントシステムを早急に創らなければならない」

これはドラッカーに初めて会ったときから、彼が提言していた言葉だ。

それぞれ関与する者が各国の状況を広い視野で調べたデータは膨大で出費もかなりかかるが、私も参画するよう呼びかけられた以上、このチャンスを逃しては後々悔しい思いが残ると考え、即参画する旨を伝えた。

大学卒業間際《まぎわ》とはいえ、すべての単位を取り、卒論も無事通った。学長の私設秘書の仕事以外、特段用事は何もない。当然、学長にも同じ内容の手紙で依頼があったので、すぐにOKとなった。一同が集まり四回の論議を経て一定の結論めいた素案（アメリカ・イギリス・日本などに延べ一五日間の視察）をまとめ、英文と日本語で作成した。

ドラッカーの呼びかけに賛同した人々は随分と多いことを最終回の時に確認したが、今思えば、ドラッカーのバイタリティーと知友の広さには今さらながら感心する。費用の大半は参画した人々以外に、参画できない人やマネジメントシステムづくりで力になろうとする人々などによる寄付金でほとんど賄うことができた。白山学長は横浜のあるロータリークラブの人々や学内の教授らに呼びかけた。

私のできる範囲は極めて少なかったが、アルバイトで稼いだお金と母親に事情を言って送金してもらい、それを寄付のかたちで出資した。同窓会にも働きかけたが、一銭も集まらなかった。日本で開催する時は「ボランティアとして参画したい」と申し出た人物が三人だけいたが、かなり無理をしていたり、社交辞令的に申し出ているようなところがあって雰囲気でわかった（実際に箱根・葉山・京都などで開催した際、声がけはしたものの辞退された。口先だけの約束であっても、守るのが礼儀だということを彼らは全くわかっていない。就職してもうまく勤まるだろうか？　おせっかいかな……と心の中で呟《つぶや》く）。

一回目はアメリカに行き、議論した。いわば顔合わせの初日。ドラッカーが主幹として三か国から九人が一堂に集まり、得意分野・家庭・職業・趣味などをそれぞれ語った。大学の会議室あるいはホテルの貴賓室を借りて極秘会議を行った。

二回目はイギリス。この時はイギリスの方がさらに一人加わり一〇人で会議。食事はいたって簡素なものとする。骨休めは毎日二時間程度。私は、この世に生れて、まさかこのような大国に来るなんて、それまで考えもしなかった。休憩時間には参加者の誰かに呼びかけて、街々を案内してもらったが、これは後々役立つことになった。

最終回は日本で行った。一回目（アメリカ）の九人と、日本から英語に強い高校の先輩（通訳を本業とする女性）に参加してもらう。ドラッカーは以前来日したときに彼女と顔合わせをしているので、大いに歓迎してくれた。都合、一〇人の構成人員。学長は卒業式を控えていたこともあり、土・日のみ参加し、代理に奥様が学長の書いた書類を持参し、論議に加わった。普段と変わらぬ和服姿は、ドラッカーを始め外国人に好評で、皆から明るく迎えられた。

日本での会合は、当初の計画を変更し、京都市内のホテルで三日、関東学院大学校舎内で二日をかけて議論された。結論がまとまったその日の夜、羽田空港近くのホテルに全員移動し、翌日は東京近郊の観光ツアーとなった。案内役は、私の先輩である女性通訳が主として担当。アメリカとイギリスから来られた方は、訪日が初めてなので女性通訳に寄り添って説明を受けたり質問をしたりしていた。ガイドブックと辞書を持って流暢に話す彼女は輝いて見えた。

## マネジメントシステムの構想

子ども用・学生用・家庭用・民間企業用・大学用・公務員用の六種類のマネジメントシステムをつくった。しかし、これでは汎用性に乏しい。業種・業態にかかわらず、誰でも使用可能なシステムが望ましいことに気付いた。

次につくったマネジメントシステムは、「人の質、モノの質、人の能力、組織全体の知力」「インフラの確実性」「人が働く環境」「人を中心とした環境」「働くための安全衛生」「衣食住の確保」「クライアント満足」「協力者の満足」「地域社会への貢献」「産官学の供与」「平等の精神」「リスク管理」「個人個人の自己評価」「組織の評価」「クライアントと協力者の評価」「統計と分析評価」「人々の声の活用」「プロセス管理」「継続的な改善・改革」「明確な方針」「方針からの目標」「目標達成」「応急措置」「緊急対策」「是正改善処置」「法則管理」「区別・識別」「提案制度」「特許制度」「研究・開発」「設計」「高い力量を得る人づくり」など四五条とし、守らなければならない要素として一八〇項目としたが、この二次構想も重複・混乱・誤解などが発生する恐れがあるため、再度レビューする必要性があった。

最終版となったマネジメントシステムは、次のようにつくられた。

シンプル化を目指した「シンプルはベストだ」との私の意見が満場一致で通った。ドラッカーを主幹とする構成員はさまざまな有識者からの意見も取り入れ、仕組みづくりに取り組んだ。我々一同は最終版を仕上げる作業に入る。諸外国の有識者はどのような方々なのかは定かではないもののドラッカーのことだから、それなりの人々だと想像した。

「マネジメントシステム」と一言で表現しても分野が多岐にわたる。システムのコアとなるのは「人の質」と「モノの質」にある。人・モノ（製品・商品・試作品）に大別した事項を一括して「Quality（品質）」とする。この品質を幹（日本戸建住宅にたとえれば大黒柱）とすれば、枝の部分にあらゆるマネジメントをシステム化することは容易であろうと結論づけた。

システム構築・問題・課題などの解決には、携わる人々の全員の賛成を原則とするため、紆余曲折があった。同時に、完成したシステムであっても、多くの組織の人々が容易に使えてわかりやすい表現を心がけなくてはならない。この二点を考慮して、まず我々自身が模範を示すことが肝心である。

なお、組織は一人であっても組織として対応可能にすべきである。一人の場合、わからない事項や手がいっぱいのときはアウトソースをすればよいからだ。完成したクオリティ・マネジメントシステム（QMS）の条項を以下に記す。

## クオリティ・マネジメントシステム（DDY一九六三）
### —事業プロセスに基づくマネジメントシステム—

| 箇条項目 | 備考 |
| --- | --- |
| まえがき | 約一〇〇〇字、主として利便性 |
| 序文 | 〇・一―〇・八 |
| 1　事業範囲 | 適用除外の場合の理由含む |
| 2　文書及び記録 | 内部・外部の文書及び組織の記録 |
| 3　組織状況 | 全員が共有すること |
| 3・1　組織の実態状況 | 過去・現在の状況 |
| 3・2　取引関係者 | 顧客・エンドユーザー・協力会社等 |
| 3・3　トップマネジメントの使命 | 諭し、財務、先見の使命、法令規制厳守 |
| 3・4　マネジャーの役割 | トップを支える人々 |
| 3・5　責任及び権限　並びに義務 | 組織体系、役割分担 |
| 4　組織人の育成と知識 | コミュニケーションを含む |
| 4・1　人財育成 | 教育者育成、働く人々の教育、アウトソース先の教育 |

| | |
|---|---|
| 4・2　組織の人々の知識 | 事業共有、事業プロセス、力量・認識・理解 |
| 5　リスクとチャンス | 組織の持続的成長の原動力 |
| 5・1　強み・弱み・機会・脅威の分析 | スワット分析を基本とする |
| 5・2　関連する要因分析 | 組織の内部・外部に与える会社・自然等、リサーチ |
| 6　組織の方向性 | トップの意思決定事項を含む |
| 6・1　モチベーション | ルール及びマナーを含む、心得（理念） |
| 6・2　方針 | 全社・各部署・個人別 |
| 6・3　目標 | 全社・各部署・個人別 |
| 7　資源提供及び監視 | 監視及び測定を含む |
| 7・1　設備及び環境 | 環境には、組織内及び外部環境も含む |
| 7・2　人々及び情報 | 人々には内外部含む |
| 7・3　資金 | 必要とする投資、資金、投資効果 |
| 8　研究・開発・設計 | 他部署と連携をとること |
| 8・1　自発的提案 | |
| 8・2　研究 | インプット、アウトプット、変更及びレビュー、検証、妥当性確認を含む |
| 8・3　開発・設計 | |
| 9　運用及び管理 | 一連の事業プロセスによること |
| 9・1　運用 | 計画、レビュー、検証、妥当性確認含む |
| 9・2　管理 | 各プロセスの管理及び同上含む |
| 10　緊急事態対策 | ハリケーン、火災、盗難等あらゆる事態の対応 |
| 11　不具合対応 | 自己の失敗を自主的に報告する責任と義務を重視 |
| 11・1　ミスの指摘 | 不具合（ミス）の背景、応急措置、特別採用是非、水平展開、効果確認 |
| 11・2　ミスの是正 | |

| | |
|---|---|
| 12 満足度調査 | あらゆる角度・手法で調査し、改善のツールとすること |
| 12・1 組織で働く人々の満足度 | 常勤、非常勤すべての人々 |
| 12・2 顧客の満足度 | 間接的顧客含む |
| 12・3 協力会社の満足度 | 資材・物品及び発注先 |
| 12・4 利用者の満足度 | エンドユーザーのリサーチ |
| 13 分析及び評価 | 各事業プロセスに対応すること |
| 13・1 分析 | 原則として可視化 |
| 13・2 評価 | 原則として可視化 |
| 13・3 費用対効果 | 財務管理 |
| 14 監査 | 監査手法を含む文書、毎年四回実施すること |
| 14・1 内部監査 | 原則、非常勤の人による監査 |
| 14・2 外部監査 | 顧客及び／または利用者代表による監査 |
| 15 トップマネジメントによるレビュー | |
| 15・1 マネジャーからのインプット | 全プロセス対象、改善のためのインプットを報告 |
| 15・2 トップマネジメントのレビューと伝達 | 経営者及び経営層の参画によること |
| 16 事業の持続的成長のための継続的改善 | 一連の事業プロセスを対象とする |
| | |
| 注記 | |
| 1. 用語の定義及び解説 | 一一九の用語を対象 |
| 2. 事業プロセスシート | 三〇枚の事業プロセスシートとその応用 |
| 3. 事業範囲の選択 | |

以上の箇条立てにより、提言書としてまとめ、それぞれの事業活動に役立つものとなった。卒業後、就職先の経営者の方々にマネジメントシステムを使うことを推奨するものの、既存のシステムにこだわって不採用だったが、特別に認めていただいた「山岡経営研究所」ＩＳＯになって久しい。規格は歴史とともに改正・改訂がなされようとも、源流をたどればドラッカーの発想に行き着く。どのような物事についても「歴史を知る」「源流には何があったのか」などをたぐり寄せると、今ある背景の原因もわかるものだ。各プロセス管理に効果があるだろう。今の「にほんそうけんコンサルタント」において活用しているが、後に独立して起業家としていくつもの組織で改善し、シンプル化して活用した。そこで働く人々と共有したことを振りかえって想い出す。

なお、クオリティ・マネジメントシステムの作成に際しては、ドラッカーがデミングから預かって持参した、ＱＭＳを中心とするマネジメントシステムをつくるのに役立つ事柄が二二項目に集約された資料と、私ども参加者の意見をドラッカーがコンパクトにまとめた五一項目を考慮して最終版となった。

今、ＩＳＯ／ＩＥＣなどのコンサルタンティングや審査、そしてＣＰＤ・ＣＰＤＳなどに専念できるのは、学長の私設秘書として務め、ドラッカーに出会い、彼が我が子のように私を導いてくれたお陰である。これは天命といえるのではないかと思っている。

## デミングのマネジメントシステム構築に際する留意事項

▼事業を営む組織は内部環境分析を定期的に実施すること。組織の強み・弱み・機会・脅威に関して、人・物・金・情報の側面から分析するとよい。

▼競合組織との違いは、Promotion（広告宣伝）、Place（流通）、Product（製品・商品）、Partner（協力組織）、Price（価格）およびService（サービス）、Quality（品質）を明確にして、組織力を出すことが重要である。

▼組織は事業の定義をもって目標を具現化すること。目標達成度の評価・分析および是正・改善を怠ってはならない。組織全体の目標はトップマネジメントで、部門の目標はマネジャーの仕事である（マネジャーとはマネジメントを遂行する人である）。

▼組織全体の目標は少なくとも「イノベーション、マーケティング、経営資源、生産性、社会的責任」の五つは絶対必要であり、各部門にブレイクダウンして目標設定し、実行すること。

▼マネジャーであるトップマネジメントは〝組織の成果に責任をもたなければならない〟。

▼目的と目標とはまったく違う。目的とは、「成し遂げようと目指す方向づけ」であり、目標は「目的の到達を目指す具体的な指針である」。すなわち、目的は「通過点」であり、目標は「実施した評価」が必要である。

▼目標設定の中心となるのはマーケティング（市場活動）とイノベーション（新市場、新資源の開拓）である。この二つは組織全体が一体化して取り組まなければ組織の成長は見込めない。顧客が代価を支払うのは、この二つの分野における成果と貢献に対してだからである。

▼マーケティングは、集中目標と市場地位目標の二つの目標を必要とする。

▼目標は組織への貢献によって規定しなければならない。

▼市場地位の目標は「最大ではなく最適を目指せ」。

▼市場シェアとして「特定の顧客型」「地域密着型」か、「商品やサービスが市場全体に占める割合」を見極めて対応すること。

▼オンリーワンは孤独であり、いつも脅威にさらされている。それよりもナンバーワンを目指せ。競う相手が業界に存在することにより、互いに活力が組織全体に漲《みなぎ》り成長する。

▼効果的な付加価値を編み出すための目的・目標が明確な組織に人は集う。

▼入手する経営資源はほぼ同じであるものの、資源の使い方によって組織間に差がついてくる。経営資源の使い方は「マネジメントの質の違い」で大いに変わるものである。

▼労働の意欲は次元を深く考慮すること、すなわち「生理的・心理的・社会的・経済的・政治的」な次元により人々の生き生きとした活動が生まれる。

▼目標管理の最大の利点は、自分の仕事をマネジメントできるようになることにある。

▼自己管理による目標管理は、人間というものが責任、貢献、成果を欲する存在であることを前提すること。大胆な前提かもしれないが、それが人の自発的行動につながることとなる。

▼自己管理による目標管理こそ、マネジメントの哲学たるべきものである。だから哲学も必要だ。

▼プロフェッショナルとは自分の名前で仕事ができる人のことをいう。

▼トップマネジメントの役割。

①事業の目的を考える役割。

②基準を設定する役割、つまり組織全体の規範を定める役割。

③組織を創りあげ、それを維持する役割。

▼トップの位置にある者だけの仕事として渉外の役割。

①行事や夕食会への出席など数限りない儀礼的な役割。

②重大な危機に際して自ら出動する役割。

③著しく悪化した問題に取り組む役割。

▼トップマネジメントの仕事。

①組織の方向づけ。

②資源の最適配分。

③人財を動かす。

④説明責任。

▼トップマネジメントのメンバーの心得。

①それぞれの担当分野における最終的な決定権をもつこと。
②自らの担当以外の分野について意思決定を行ってはならない。
③メンバーたる人々はなにも仲良くする必要はない。
④メンバーとは、チームである。単なる委員会ではない。
⑤衆知を集めて自分で決めた後は独裁に徹すること。
⑥メンバーは尊敬し合う必要はない。
⑦会議室外で互いのことをとやかく言ったり、批判したり、けなしたりしないこと。
⑧やたらに誉めあうことはしないこと。

## ドラッカーのマネジメントシステム構築に際する留意事項

▼マネジメントには、自らの組織をして社会に貢献させるために「自らの組織に特有の使命を果たす」「仕事を通じて働く人たちを生かす」「自らが社会に与える影響を処理するとともに、社会の問題に貢献する」ことの役割がある。

▼「何を売りたいか」ではなく「顧客は何を買いたいか」を問うこと。「組織の製品やサービスにでき

ることはこれである」ではなく「顧客が価値と必要を求め満足すること」にある。

▼真のマーケティングは顧客からスタートする。つまり、「現実・欲求・価値」からスタートする。

▼消費者運動こそ組織に要求しているもので、これはまさしくマーケティングである。

▼組織の目的の定義は、「顧客を創造すること」に尽きる。

▼組織は「マーケティングとイノベーション」の機能が伴って、成果をもたらしたものである。

▼新しい満足を生み出すことをイノベーションという（一般に革新というが……）。組織が存続しうるのは経済成長のみである。少なくとも、変化を当然とする経済を先読みすること。組織こそ、成長・変化に対応可能な機関といえる。

▼既存の製品の新しい用途を見つけることもイノベーションである。

▼利益とは「成果の判定基準」「不確定性というリスクに対する保険」「よりよい労働環境を生み出す資源（原資）」「医療・国防・教育・芸術など社会的サービスと満足をもたらす原資」である。

▼利益を出すための仕事ではなく、利益が出るくらいの仕事をすること。それは、良い仕事を目的とする仕事をすることである。

▼利益は組織にも社会にとっても必要である。しかし組織活動の目的ではなく条件と考えよ。

▼「組織の延命」「株主への還元」「社会への還元」「働く人への待遇と改善」「未来への投資」の五つが利益のための手段である。

▼顧客と市場の観点から見て、「組織の事業は何か」をトップマネジメントは問う責任がある。
▼理念とビジョンを前提とし、内外部の環境を分析すること。要因分析や強み・弱み・機会・脅威のスワット分析が適切である。
▼組織は自身の事業について、明快で一貫性があり、的を射た定義により組織で働くすべての人の拠《よ》り所である。
▼組織の挫折や失敗の最大原因は、組織の目的としての事業（事業目的）が十分に検討されていないがゆえである。自らの目的と使命は、組織はもとより働く人々一人ひとりにも必要である。
▼人口構造だけが未来に関する予測可能な事象である。この事象に対して俊敏に対応する組織は成長し、成功をもたらすだろう。外部環境の一部に過ぎないが大きな要素である。
▼組織が事業継続を望むなら、少なくとも二種類の顧客をもつことが必要である。
▼新規事業の開始決定と同様に重要なことは、組織の使命に合わなくなり、顧客に満足を与えられなくなり、業績に貢献しなくなれば、その事業を捨てる決断も必要である。この決断はトップマネジメントが行うべきである。
▼我々の事業が「何であるべきか、何になるか、何の使命か、何を捨てるか」ということを理念とビジョンを照らし合わせてレビューすること。
▼マネジャーの仕事（役割）で大事なことは次の三項目である。一つ目は具現化した目標を立てるこ

と。二つ目は部分の和よりも大きな全体、すなわち投入した資源の総利よりも大きなものを生み出す生産体を創造すること。三つ目は、あらゆる決定と行動において、直ちに必要とされるものと遠い将来に必要とされるものを調和させること。たとえば、組み立てラインの職長でさえ企業全体の目標と製造部門の目標に基づいた目標を必要とする。

▼マネジャーには、上は社長から下は職長や事務主任に至るまで、明確な目標が必要である。

▼独占禁止法が存在していなくとも、予測以上に大きくなると賢明ではないという上限がある。市場を独占（支配）しすぎると惰眠を貪《むさぼ》り、自己満足によって失敗する恐れがある。

▼特に大きな新市場は、供給者が一社よりも複数であるほうが、拡大傾向は早い。トシオ・ヤマオカの言うように「ライバル意識から切磋琢磨する行動が組織も顧客も喜ぶことになる」。

▼マーケティングの目標には、少なくとも次の七つがある。「既存製品の存続」「既存製品の廃棄」「既存市場における新商品」「新市場」「流通経路」「アフターサービス」「信用供与」。

▼イノベーションの目標は少なくとも「製品とサービス」「市場におけるイノベーションと消費者の行動および価値観」「製品を市場へもっていくまでの間におけること」に対応することが得策である。

▼経営資源の目標として、「土地つまり物的資源」「労働つまり人財」「資本つまり明日のための資金」がある。特に、良質な人財と資金を引き寄せることができなければ組織は永続できない。トシオ・ヤマオカの言う「人財」が正しい。「人材」では人は定着しない。

▼人財と資金の獲得には、マーケティングの考え方が必要である。
▼我々が必要とする種類（職種）の人財を引きつけ、かつ引きとめておくには、我が社の仕事をいかなるものとしなければならないか。
▼「獲得できるのはいかなる種類の人財か。それらの人財を引きつけるには何をしなければならないのか」。あるいは「銀行借入、社債、株式など我が社への資金の投入をいかにして魅力あるものにしなければならないか」を自問しなければならない。
▼生産性の目標は、物的資源、人財、資金という経営資源に相応しい内容で設定すること。
▼社会的責任の目標とは「組織が社会に与える影響を処理するとともに社会の問題に関して貢献する」ことを宣言し、実行すること。それは、「組織にとって、社会との関係は自らの存立に関わる問題」であることが問われているからである。
▼「マーケティング、イノベーション、経営資源、生産性、社会的責任」の五つの目標は、「利益とのバランス」「近い将来と遠い未来とのバランス」「他の目標とのバランス、すなわち目標間のトレードオフ関係」のバランスをとること。

※トレードオフ：物価安定と完全雇用のように、同時には成立しない二律背反の経済的関係（フィリップス曲線も参考にするとよい）。

▼目標達成には内部と外部の環境を考慮し、優先順位をつける必要がある。あらゆることに少しずつ

手をつけることは最悪の結果となる。
▼「目標は自ら率いる部門があるべき成果を明らかにすること」「他部門の目標達成の助けとなるべき貢献を明らかにすること」「他部門に期待できる貢献を明らかにすること」が部門間の目標バランスが保たれることになる。
▼最後の段階は目標実現のための行動である。「我々の事業は何か。何にあるか。何であるべきか」を考え、目標を検討するのは知識を得るためではなく行動するためである。その狙いは、組織のエネルギーと資源を正しい成果に集中することである。
▼検討の結果もたらされるべきものは、具体的な目標、期限、計画であり、具体的な仕事の割り当てをすること。
▼目標は実行に移さなければ目標ではない。夢にすぎない。
▼仕事と労働（働くこと）とは根本的に違う。〝仕事〟とは一般的かつ客観的な存在であり、〝働く〟ことすなわち〝労働〟は人の活動である。仕事の生産性を上げるうえで必要とされるものと、人が生き生きと働くうえで必要とされるものは違う。
▼自己実現の第一歩は、仕事を生産的なものにすることであり、「分析、総合、管理、道具」の四つの要素を考察することが大事である。
▼個々の作業を一人ひとりの仕事に、そして一人ひとりの仕事を生産プロセスに組み立てなければな

らない。

▼監督や職長の代わりに現場アシスタントがいる。その職場は、実際に働く者が仕事を理解し、そのための道具を使えるようにすることである。アシスタントはボスではない。

▼基本的なこととして、成果すなわち仕事からのアウトプットを中心に考えなければならない。技術や知識など仕事へのインプットからスタートしなければならない。それは道具にすぎない。

▼マネジャーを育てる目的は、「明日のマネジメントを行う者を試して、選び、育て、今日の意思決定に責任ある者とすることにある」。マネジメント開発は、人事計画やエリート探しではない。

▼選んだエリートの五〇％は、四〇歳代にもなれば口がうまいだけのことで、マネジャーとして相応しい人財を育てていくことのほうが、はるかに重要である。

▼マネジャーの権限とは権力ではないことを認識しないといけない。

▼マネジメント開発は、人の性格を変え、人を改造するためのものではなく、成果を上げさせるための手段である。強みを存分に発揮させるために、人の教えではなく自分のやり方によって存分に活動できるようにするためである。

▼マネジメントの四つの心得。

①組織の焦点は、問題ではなく機会に合わせなければならない。

②組織の焦点は成果に合わせなければならない。

③配置、昇進、昇格、降格、解雇など人事に関わる意思決定は組織の信条（規則）と価値観に沿って行わなければならない。これらの意思決定こそ真の管理手段となる。
④人事に関わる決定は、真摯《しんし》さこそ唯一絶対条件であり、すでに身につけていなければならない資質であることを明らかにすることに尽きる。

**▼マネジャーとしての五つの資質。**

①人の弱みではなく強みに目を向けられる人。
②誰が正しいかではなく、何が正しいかを考えられる人。
③頭の良し悪しではなく、真摯さを重視する人。
④部下に脅威を感じさせない人。
⑤仕事に高い基準を堂々と設定している人。
※マネジャーは自己評価、自己チェックをすることが望まれる。

**▼コミュニケーションとは「知覚・期待・要求・情報」を索引に取り出すためにある。**

①大工と話す時は、大工の言葉を使おう：知覚。
②受け手が期待しているものを知ることなく、コミュニケーションを行うことはできない：期待。
③「価値観、欲求、目的に合致すると強力となる」。カーネギーの言うとおりである：要求。
④判断と行動に不足している必要な極秘ニュース：情報。

# 三章　ヒューストンの想い出

## 「工学博士〈建設〉合格認定」

――一九六二（昭和三七）年

## ときめき

大学四年。卒業のための必要単位はすべて取得した。卒業論文は三年初期より材料実験等を繰り返し「超軽量化構造による橋梁」を主題とし、和文・英文ともに完成している。論文に対する大学の担当教授の対応は実に早かった。担当教授の紹介で橋梁構造物軽量化に関して当時、日本の第一人者である東京大学生産技術研究所の福田武雄教授のもとで東大生らとともに一年八か月にわたり研究した成果が、最終版としての卒業論文となり、同教授から合格証明書を受け取った。この合格証明書と卒業論文文集を提出することにより、母校からも合格として採決された。

ミッションスクールゆえに、わずか一単位、されど一単位である。〝基督教概論Ⅳ〟に関して、渡米の理由を担当教授に伝えると、渡米中はレポートの提出で認められ、帰国後は必ず正規に受講するならという特別条件付きで認められた。しかし、結果として、帰国後の受講日にかろうじて間に合ってホッとしたことを今も覚えている。アメリカに行くのは生まれて初めて。京都の実家に帰って事情を説明すると、旅立つ息子のためといって、近くの神社の安全祈願のお守りと二〇〇万円をくれた。親が我が子（兄が早世したために、すでに山岡家の後継ぎは私一人である）を思う気持ちは如何ほどのものだったろうか。もしこのまま何かの事情で日本に戻らなかったらどうしよう……と。このとき、母の顔は和《にこや》かだが心の中では泣いていただろう。これほどに、親が子を想い愛する姿は、今日、父親となっている自分も同様である。
渡米に際しての目的は、
①ヒューストン視察。
②ドラッカーに私の卒業論文（論文には、設計図や施工への留意点を含む）の評価を依頼。
③工学博士号取得のためにドラッカーの紹介で土木工学系の大学教授に会う。
④その大学を訪問する。
の四つである。その旨を前もって手紙で連絡し、ほぼ了承されていた。

## 雨のヒューストン

現地に着いたときは雨だった。アメリカでは珍しく一時間以上かなり強い雨が続いた。ヒューストンの町は、近年石油で大きく発展し、企業に対する税金が安いということで、最近は日本も含めた先端産業の企業が多く集まってきているとのことである。

この町は、テキサスの大平原の中にあり土地の高低差が数メートルという平らな町なので、雨水の排水が問題なのだそうである。このときも高速道路の路側に水がたまり、ひどい所では一車線分が通れない道もあった。さらに車の整備が悪いのか雨のために故障しているらしく、道路の端で動かない車も見うけられた。公共交通機関がないかわりに高速道路が発達している車の町ヒューストンも雨には弱いようである。

テキサス州の工業都市ヒューストンは、宇宙開発研究の中心都市だが、世界で最も情報が集結している都市としてとしても有名だった。またサンベルト地帯の中核で、石油、化学の他、先端産業があった。資源と人。まさしく金は力なりだ。

## ヒューストン・インターコンチネンタル空港

ヒューストンは、全米のオイルセンター、宇宙都市南西部の金融都市、世界のテニスの首都、といったようないろいろの呼び名がある。市の中心部、ビジネス街は美しく個性的なデザインの高層ビルが立ち並んでいる。

市の人口は全米第五位の大都市であるとガイドブックには書いてある。しかし、バスから見える人影はまばらで、どこにこの大都市を支えるエネルギーが潜んでいるのかわからない。日曜日のためか、人口密度の低いためか、宿泊したホテルが郊外のためか、ダウンタウンは危険とガイドに言われ、行く機会がなかったため、確かめようもなかった。

この大都市ヒューストンは、市の南北に二つの空港を擁している。南にある空港はホビー空港、国内専用であり我々がニューオルリンズから到着した所、北にあるのが国際線もあるヒューストン・インターコンチネンタル空港であり、サンディエゴへ出発する空港である。この空港は市の中心部から四〇km余りも離れているが、インターステイト四五やUS五九など何本ものよく整備されたハイウェイと連絡しており、さほど距離を感じさせない。ハイウェイから空港ターミナルまでのアプローチ道路は、往復車線が広々とした中央分離帯で隔てられていて眺めが良い。空港入り口付近には、六〇〇〇台の車が収容できる駐車場、バジェット、ハーツといった大手のレンタカー会社の駐車場が並んでおり、車社会を実感させた。

空港全体の敷地は約三二〇〇ha、成田空港の計画面積の三倍、羽田空港の八倍の広さである。現在二七の航空会社が入っている。乗降客数は、国内で一三番目、国際旅客の数では八番目、日本にあてはめるとほぼ大阪空港なみである。ターミナルビルは地上部で独立した外観の三棟が現在利用されているが、利用客の増加に応じて、将来はさらに一棟を追加する計画とのことである。各ターミナルへの移動は、地下の近代的、遊園地的サイズ（一車輛一〇人も乗れば満員?・）の新交通システム（無人運転）も計画されている。

空港施設の見学は、James. C. Delong氏の案内で、ターミナルビル、新交通システム、滑走路等についていった。屋外で建設中の施設は、Delong氏自ら運転するバスに乗って案内されたが、バスのクーラーが故障のため、ヒューストンの一〇月の暑さをたっぷり体験した。暑さのためか、調査団の気迫のためか、ターミナルの玄関を出発したバスは、再び同じターミナルの玄関前へ出てしまうハプニング。誰かが下車しようとして気付き、笑声とともに再出発。外から見ると各ターミナルとも同じような作りである。また一方通行で整理されたターミナルの外周道路は、一つ間違うと同じ場所に戻るのか、運転に汗だくのDelong氏に同情する。

滑走路はところどころ舗装の打換えの工事を行っていた。近年の飛行機の大型化に対応するためとのことであった。滑走路、駐車場、ターミナル等それぞれ十分なスペースをもっているためか、着陸回数、乗降客数など数字で見たよりものんびりしたイメージがあった。

最後は、ターミナルの屋上に上り、空港の全景を眺め見学を終えた。空港の周囲は見渡す限り緑の森で囲まれており、その広大さには溜息がでた。しかし、本当に暑かった。

※後年、日本土木学会で調査団の一員（C班：「橋梁・都市計画」の班長）として訪米したときには、かなりの発展が見られたので、そのときの報告も付け加えた。

## NASA見学

NASAのL・B・J・宇宙センター（一九五八年設立）を視察した。

指令室（塔）・飛行訓練室・屋外展示のサターンロケットやスペースシャトルなどを見て廻った。この巨大な物体を宇宙空間に放り出すために、莫大な人・物・金、そして情報が現在のハイテク時代といわれる科学技術の進歩の原動力になっているのであろう。

NASAは正式には、アメリカ航空宇宙局（National Aeronautics and Space Administration）

という。惑星探査計画や惑星・宇宙科学研究所を統括する本部でもある。

説明する人は、残念ながら、通り一遍の話し方で、我々の肝心な質問にはあまり答えようとしなかった。ドラッカーは〝私の面子《めんつ》にかかわる〟という。いつも穏やかなドラッカーだが、相当悔しかったのだろう。ヒューストン・インターコンチネンタル空港での説明対応とは大差あり。我らは足早に退散した。

## 卒業論文の評価

事前に送ってあった論文をすでにドラッカーは読んでいたようで、数か所の訂正と少しばかりの加筆部分を受け取った。自分はマネジメントに関する科目を学生たちに教えており土木の専門的なことはわからないので、文章の表現のみ訂正・加筆したとのこと。しかしながら文書の構成は誠に立派であり、これなら明日会う教授も納得し、博士としての道は遠いが合格するものと思う、との評価をいただいた。

もしかして教授が専門家の立場として、訂正・加筆などの助言をするかもしれないので、手元にあるこの論文を持参して明日交流せよとの指導を受けた。

夕食時、ドラッカーと教え子そして土木工学の橋梁関連の教授二名と名刺交換の後、ホテル内で食事をした。夕食事の後半にさしかかった頃、一人の教授が急ぎ足で我らのテーブルに来た。この教授こそ、明日お会いすべき人であった。ドラッカーの手際良い配慮に感謝。私の論文は技術的なことと、ビジネス化するための二部作の構成で、論文そのものは一部のみである。この一部を教授に手渡すべきか否か思案していると、ドラッカーは何か感じ取ってくれたのか、専門分野に長《た》けた教授に向かって早口で話しかけた。そして私に、今すぐ部屋に行って論文を持参し教授に手渡すように指示。その教授、表題と目次、はじめのことば、概要・結論などの部分をすばやく読まれ、眼が輝いていた。初めて握手すると〝ＯＫ！〟との言葉をいただいた。私は天にも昇る気持ちだった。東京大学の福田教授の指導による論文なら大丈夫ということだった。これも運命なのか。いろいろな人に出会って良かったと心底思う。

このことを母に電話で話すと、「良かったね！」の一言。きっと涙ぐんでいたのだろうと思う。心地好いものの、疲れと安堵《あんど》感が体内を駆け巡り、万歳と叫びたかったが、この場所ではみっともないので心の中で雄叫《おたけ》びを上げた。

順調にことが進んだので、この場の夕食代は私が全額支払うことにしていたものの、ドラッカーらは、「遥々日本から遠いこの地に来ていただいた。しかも学生なのだ。ここは我々大人が支払うのが道理だよ」と言われ、その言葉に甘えることにした。それが礼儀かもしれない。

## ニューヨーク大学で特別講演

最初の夜は早く寝た。ドラッカーが気配りをしてくれたのであろう。同宿した学生は隣の部屋で勉強していたが、ヒューストンのかなり広い部屋でゆっくりと眠りについたようだった。

次の日は早起きして、ニューヨーク大学へ向かった。燃料不足が気になったが、ヘリコプターにて天空の人となる。我らを祝福してくれているような晴天。雲は何もなく、地上の風景が美しい。サングラスをかけないと眩しいくらい。

広大なキャンパスに入る。同行の学生とドラッカーのいる教授専用の部屋に入り、三人で談話。無口なような学生だったが、このときは結構多弁であることを知ると同時に、カタコトではあるが日本語で話すこともある。後から彼に聞いたところ、私が年長に見えていたようで、緊張してそれまで話しかけることができなかったとのこと。

若いときは老けて見られ、六〇歳くらいからは逆に若く見られたようだ。もう七七歳となった今でも六〇〜六五歳くらいに見られることが多い。

その前の夜、ドラッカーらは青年を残し、今日の日程のために戻っていた。同宿の学生はむしろ私より少しばかり上の二五歳であることをこの場で初めて聞いて三人は笑った。

階段式の教室に案内してもらうと、そこにはおおよそ一五〇人くらいの人が着席している。前列には前日お会いした教授や他の教授らしき大人が横一列に着席している。教授らは、コピーした資料とニラメッコしている。二列目からはほぼ学生が占めているものの、男女合わせて二〇人くらいの教授らしき人々も壇上横から眺めることができた。

ドラッカーとは別の教授が、私と同行した大学院生のプロフィール等を含め、この日の特別講義の主旨を述べ、次にドラッカーが、私との出会いと私の卒業論文の概要を含めてスピーチした。そのスピーチは結構の時間であった。「人工軽量骨材と超軽量アルミニウム合金を使用した橋梁」並びに「製品化し実際に役立つべきマネジメントとは」の二部構成の論文について、製品として設計・開発し、公共施設の一部である橋梁構造物に採用される手法、つまりビジネス化・マネジメント化に関して訴えている旨を強調した。さらにこの日の特別講演の聴講者は、学部・学科を問わず興味のある人々、並びにトシオ・ヤマオカの後に講演する学生、二名の博士号授与に先立ち、それぞれの専門科目の先生にも審査のために来場していただいている……というようなことを話された。

私が紹介された後、一〇分ばかり休憩となる。休憩時間に前列の教授らと名刺交換。急いでトイレに行き、教室に入る。

当時はスタンドマイクと黒板のみ。マイクのみを使い論文の中味を話すことに徹する。大勢の人の前で話すことに何ら緊張はしない。むしろお手のもの。それは、高校時代は弁論部と生徒会（風紀委員長、書記長、生徒会長）で、〝これでもか〟というほど人前やマイクを通して話した経験が役立っている。このとき、このように心の中で呟《つぶや》き、自然とマイクを通して演壇で話すことができた。ただ、かなりたどたどしい英語のスピーチになっていたのは仕方がない。

しかし、人間はうまくできているもので、身振り手振りと少しではあるが黒板に書いて説明することにより聴講者のほとんどの方は頷いてくれている様子が伺えた。七五分間はあっという間に過ぎ、一五分間の質問やもう一度この部分は答えてほしいなどの意見が五人からあった。その内の三人は最前列の教授であった。うかつに答えることは許されないが、さまざまな材料実験からスタートしていたので、製品として世に出すことの仕組みに至るまでの各プロセスは熟知しているつもりだ。ありのままに自分の言葉で答えてみると、最後は全員総立ちで拍手喝采。母校での論文発表の様子とは大きな違いだった。

教室に入る前、持参した学生服と帽子姿にスーツから着替えて入室。後日ドラッカーから聴いたところ〝あの姿（服装）が特に審査する教授の心を動かしたのは確かだ〟と承った。

一五分間の休憩後、大学院生の出番。彼のテーマは「マネジメントシステムの現状とわかりやすいマネジメントシステムの構築」。サブタイトルが実にユニークだ。サブタイトルとして〝人種差別・職種や業態への差別をなくす〟と記している。

ドラッカーの指導のもとでマネジメントをシステム化して全世界に訴えようとする論文の内容であった。彼自身の生い立ちは、祖父が黒人、祖母は日本人、父は黒人、母はイギリス生まれの白人というものだった。人種差別が多いアメリカにはそれほど魅力を感じないけれど、ドラッカーに励まされ、奨学金もいただいている関係上、母校に残り、やがては教授として活躍するか、チャンスがあれば経営者として起業したいとのことを講演後に話してくれた。彼の無口は、このような境遇から来ていたと思う。それほどハンサムではなく、背丈も一六五㎝の私とあまり変わらないが、真面目な人柄であった。歳は私より上だが、私にだんだんと溶け込んでくれて身の上話も自分からしてくれた。

あくまで参考意見だと断わったうえで、「教授を目指すのが良いのでは……」と助言したことを覚えている。もう退任しているだろうが、教授として活躍していることを記した手紙を頂戴したことを思い出す。

彼はいざ壇上に向かうと、少々声が小さいながらも、うまく筋道をたててゆっくりと語った。後ろに着席している人が〝もっと大きな声で、ハッキリと話してほしい〟と書いたＡ０版くらいのボードを手に持ち合図を送っている。振り回しているので、何だかわからない。私はその場所まで行き、そのボードを手にして上にいっぱいいっぱい伸ばして彼にわかってもらえるまで直立不動でいた。五～六分くらい経過したとき、やっと彼は気付いてくれ、その後は、声も大きくなり、聞きとりやすくなった。

## 工学博士（建設）に認定される

大学から車で二〇分くらい移動した所にある高層ビルと並んで高く聳《そび》える一流のホテルに到着。車三台に分乗したが、ロビーで全員顔合わせをした。すでに面識のある人ばかり。荷物が最も多いのは私。いったん部屋に荷物を置いて再び集まり、食堂（個室）に入る。誰が手配してくださったのかわからないが、フルコースとのこと。飲み物は自由に注文してもよいとホテルのボーイが手際よくメニューの説明とともにした。ボーイの指導はきっと地位のある人物がされたのだろう、実直である。ビール派とワイン派がほぼ同人数。とりあえず乾杯ということで、ドラッカーが乾杯の音頭（アメリカではどういうのかわからないが）をとった。

乾杯の後、本日の論文発表に対する評価をそれぞれの教授が述べた。私ともう一人の青年はただひたすら拝聴するのみ。

評価の結果、我々二人とも合格とのこと。後日、博士号授与のセレモニーは大学で行われるが、この日は五名の署名による認定通知証明書を受け取ることができた。授与式は私の都合を考慮していただいたようで、訪米して授与されるか、日本へ郵送してもよいとのことを橋梁工学の教授とともにドラッカーから口添えもあった。これほどありがたいことはない。母と白山学長に電話で報告した。後で気づいたのだが、日本は時差の関係で早朝なのかもしれなかった。深く反省。

学生時代は禁煙者だったが、家が建設業だったこともあり、アルコールは何のこだわりもなくどのようなものも飲める。教授やボーイなどから勧めていただいたものは快くいただいた覚えがある。今は、家では一切飲まない。飲酒は、仕事柄、相手からお誘いがある時のみである。その時、多い場合であっても中ジョッキで二、三杯、またはワイングラスで二、三杯のみである。

博士号授与を我がことのように喜んでくれたのは、今さら言うまでもないが、ドラッカーであった。翌朝空港に、日本に行ってみたいという青年と一緒にバスにて向かい、帰国。白山学長にこと細かく報告し、一旦実家に帰省。大学院生の青年は自由に日本を観るとのことで、東京（羽田）より大阪（伊丹）へ乗り継ぎ旅をするそうだ。実家で半日ほど母と会い、そそくさと横浜へ向かう。学問と私設秘書の仕事が待っているので急いで母校内にある学長宅へ夜遅くであるが戻り、翌朝より行動開始する。

かなりハードなスケジュールであったものの、大きな成果を得ているので自信満々で日常の生活を毎日のように行う。

## ドラッカーと教授らに教わったこと

▼経営・経済のシステム手法が取り込まれた技術的論文は我々も改めて認識した。
▼論理立てが実に上手。各プロセス運用もしかり。

▼学問は実社会に役立ってこそ価値がある。

▼一連のストーリーを組み立てるのは我々より秀れている。むしろ教えてもらったようだ。

▼マネジメントシステムに独自で考察したＳＷＡＴ分析手法に感動。マネジメント学に採用したい。

▼好機到来。そのチャンスを逃がさず新規製品を編み出す人こそ、成功者といえよう。

▼根気よく積み重ねてこそ、未来の人々に幸せを与える。ビジネスとはそういうことだ。

▼自己実現と他の人との支え合いの中に、全員参加で働く価値があり、商品として世に役立つ。

▼個々の知恵を組織の知識とし、与えられた分野の仕事をそれぞれ果たすことが、確かなマネジメントシステムといえる。

▼マネジメントをシステム化し、組織が共有協調することが重要なのは、リスクマネジメントである。

▼まるで野生動物のように、自分の力で生きていく強さを身につけよう。

▼トップリーダーとは、どのような時でさえ先頭に立ち権利に溺れず、責任・義務を果たせる人をいう。

▼歴史を知る、世界を知る、あらゆることを知ることは人間成長へのエネルギーである。

▼Social Actionは一部の人に頼るものではなく、全人類が心して取り組むべきだ。

▼新しい商品は、顧客のニーズを熟知している人の知恵のもとに突如として現れる。

▼無から有となるのは、retro時代の改善から生じる。

▼男女・年齢を問わず、本当に良き友は、己れの心に生きており、己れのエネルギーとなっている。

▼「生涯現役」で働ける職業とは何か、今からよく考えておくと世に役立つだろう。
▼実際に足を運び、顔を見て言葉を交わすことこそ「コミュニケーション力」といえる。
▼元気なうちに多くの人と接しよう。そのことにより、己れを磨くことができる（「今まで、僕は四万人と会った」某教授）。
▼どこの国でも約九〇％以上の中小企業が世を支えている。
▼自分の好きな研究や仕事を継続できることほど、幸せなことはない。
▼自分が輝いた人になるには、何倍もの努力が必要だ。得た輝きが世に認められるとさらに成長する。
▼若者を育てる責任は、若者より歳と知識のある人の神との約束ごとと思え。
▼コミュニケーションで大事なのは、〝捻じ伏せる〟ではなく〝論じ合う〟ことであろう。
▼「共」とは良い文字だ。〝共に育ち、共に活き、共に発展……〟がある。
▼「助」もそうだ。〝自助、共助、互助、公助……〟がある。
▼パーフェクトな人間なんていない。だからこそ〝共も助も〟必要なのである。
▼心覚えのために記録をする。その記録がいつか役立つものだ。
▼強みをさらに強みに進化させることが可能である。
▼弱み（マイナス要因）はチャンスとして活用するとよい。
▼今までに起こってはいない現象を探究し、改善・改革に取り組もう。

▼組織は人なり。しかしながら本当にその真意を満たしている組織はまことに少ない。
▼ここぞというときにこそ、その人の知力度がわかる。
▼人は自分のことはわからないが、他人については誰でもプロになれる素質がある。
▼目標設定のしかたで、現在と未来のバランスをとることが可能である。
▼コストと結果（成果）のバランスがとれている状態はほとんどない。
▼コストは活動に比例し、利益は業績に比例する。
▼市場商品変換戦略とは、価格・価値・効果・事情・心情を考慮し、創意工夫した方法をいう。
▼競争化戦略とは、総合商社的手法・模倣改良型手法・技術特許の未使用を商品化する手法などを、情勢・市場動向を踏まえて戦略化することなどをいう。
▼時間とはあなたの行動の貴重な資源である。その時間を上手に使うかどうかはあなたの心得にかかっている。
▼あなたたちは何をする人として記憶されたいのか。
▼組織力とは人々の力の結集で決まる。
▼優秀な人財は、採用する人数の三乗分の一にすぎない。
▼音楽は楽譜どおりに歌い、演奏できるようにすればよい。しかし、物事はそうは簡単にいかない。だから思考せよ。

# 四章　再び渡米：短期留学

〈マネジメント学専攻〉九八日

――一九六二（昭和三七）年

## 留学のチャンス

ドラッカーからＡ４版で五枚相当の手紙が届いた。内容は概略、次のようなものであった。

論文内容が「土木技術とマネジメント」に関わっており、土木技術専門家はもとより、経営・経済を担当する各教授から、「このように構成された論文は極めて珍しく、今まで読んだことのない深みがあり大変興味をそそる内容である。将来を見据えた発想は、我々も学ばねばならない。土木技術の博士号に値するものなので博士号授与は決定済だが、同じことならマネジメントに関する学問を我々のもとで、ともに学び会うチャンスをトシオ・ヤマオカに与えようではないか。カテゴリーとしては工学博士と経営博士のダブル博士だが、彼のためにも、当校で学ぶ学生や我々教授にも良き教訓となるだろう」という意見が寄せられた。よって、緊急ではあるがマネジメント学科に短期留学生としてぜひ迎え入れたい。

「白山学長には、私から今度の主旨とともに請願書を送るので、我々の要望、そして将来我々とともにマネジメントシステムの構築をするために、マネジメント学科に留学生として渡米する許可書を発行するよう便宜をはかってくれるでしょう」とも書かれていた。

願ってもないビッグチャンスだった。二分野の博士も夢ではない。仮にマネジメントに関する博士にならなくとも、マネジメントそのものを深く学び得るチャンスはこれを断るともう二度と機会はなく、同時に、ドラッカーとの接点もなくなるだろう。私はその日のうちに決断した。大学で未取得の「基督教概論Ⅳ」の単位については、白山学長から担当教授に交渉していただき「少々難題ではあるが、〝旧約聖書と新約聖書の共通点〟〝アメリカのキリスト教の状況〟この二項をまとめたレポートに対し、担当教授として合否判定をする」との便宜を図っていただいた。当然この交渉には私も同席した。いわば三者会談である。

母に「すぐに横浜へ来られたし。明日そちらへ学長の奥様が迎えに行く……」といった電報を出すと、母から電話があり、「誰かに連れて行ってもらうので、明日は無理だが、明後日には学長宅に着くからよろしく」と返事があった。

私は、課題の「基督教概論Ⅳ」のレポートに加えて〝マネジメントと信仰〟に関してもほぼ徹夜（厳密には二〇時間）で仕上げ、レビューした後、担当教授にいささか早すぎるようだが手渡した。合否判定は後日の通知。必要単位の内、「基督教概論Ⅳ」を除いて、残りの単位はすでに取得済みだった。

同時に四日後にドラッカーを訪ねることと、宿舎の確保、もし可能ならば大学近くでホームステイか、大学生用の宿舎を確保していただきたいと電話で依頼した。母親が金沢八景に到着した。旅行と写真撮影好きな伯父と一緒だ。なにやら大きな荷物を二人とも持っている。これは大層なことだ。タクシーで大学正門前まで乗りつけ、学長宅に入る。伯父は一通りの挨拶のあと、「校内と八景島を始めとし、神奈川・東京方面を中心に足の向くまま、気のむくまま旅をしたい」のでこれにて失礼といって辞去した。元軍人（下士官）だったので、直立不動での挨拶は凛々《りり》しく見えた。

母は学長夫妻より少しばかり歳上だが、元来元気な人なので、手土産をご夫妻に渡し、私には自家製のいつもの梅干しのビンを数個と、銀行封印の一〇〇万円の札束五つをそのままくれた。母は、ここでの生活に必要かもしれないと、手元の現金のほかに二〇〇万円ほど銀行から出して持参してきたとのこと。このような大金を現金のままで持ち歩くとは、たいした度胸だが、軍人上がりの伯父が同行していたので大丈夫だと思っていたようだ。その後、和服の似合う母は、学長夫妻に「ご用があれば、何でも、いつでも、言いつけてください……」と、三つ指ついて挨拶をした。これには、学長夫妻はたいそう恐縮の様子だった。

その夜は四人で母のつくった純和風、とはいっても有り合わせの食材なので、一部洋風的でもある料理でお祝いをした。母が持ってきた京都伏見の酒「月桂冠」と学長宅に保存していたワインなども準備され食卓にて飲食。母は日本酒一辺倒。学長夫妻は、少量の日本酒とワイン一、二杯。私は上戸《じょうご》なので、すべてのことが順調に進みいざ旅立ち（明日）ということもあって、日本酒五合ばかり、ワインを相当の量をいただいた。

寝る前、私設秘書（書生）として日常行っている内容を文章にして書くとともに、口頭で母に説明した。敏感な母なので、十分納得したようだ。

## マネジメント学

当時は、ハーバード大学、マサチューセッツ工科大学、ニューヨーク大学の三大学にマネジメント学科があった。その中でドラッカーがマネジメント学の教鞭《きょうべん》を執《と》っているニューヨーク大学に留学することになった。

当時、日本の大学にマネジメントに関して専門に教える学科は見当たらなかった。もしかして、「マネジメント」とは別の呼び方の学科が存在していたかもしれないが……。

ニューヨーク大学にはマネジメント学を教える教授として、ドラッカーとともに統計学者であるデミング教授がいて、教育強化のために学生を指導しているとのことで紹介してもらった。デミングの講義も受けたが、マネジメントについて学べる喜びで心臓が今にも飛び出すくらい興奮していた。

マネジメント学の中核はなんといっても品質管理である。品質といえば、ほとんどの場合、「品物の質」と思われがちだが、本来、品質を保つためには「人とモノ」両方が合致してはじめて品質管理が十分でき、保証可能であることを忘れてはならない。品物をつくる人、使う人が安全に、かつ安心して相互活用することに大きな意義がある。

したがって、人々はマネジメントについて学んだうえで働くことに専念すべきだと考えられる。大学において、経済学・法学・政治学を社会科学より選択し、それぞれ四単位、都合一二単位、いずれも「優」の成績を得たものの、一般教育科目に過ぎない。マネジメントという表現すら、とくに経済学の教授は使われてはいなかった。このような背景のため、「マネジメント学」という表現は、ドラッカーに出会うまでは全く気づかずすごしてきた。それゆえに、この言葉、この文字に心が動き、留学を決意した次第であった。関係する人、支えてくれる人以上に楽しみにしていたのは、言うまでもなく私自身であった。

## アメリカの大学の仕組み

アメリカでは高校・大学の成績や推薦状などにより審査して入学者を決定するのが一般的である。その際、重視するのはDiversity（多様性）。バラエティに富んだ学生を募る。それぞれの個性、価値観、バッググラウンドをもつ学生が論議をし、授業でディスカッションを繰り広げることで、互いに刺激を与えあい、その中で答えを見出そうとする。留学生が多いのは、そうした価値観が国内の学生のみが参加する一律的授業よりも大きな意味が与えられているからだ。

アメリカ人よりむしろ世界各国から集まってきた学生が実に多く、地球をぐっと縮小したようなアメリカの大学である。国際化された大学とでもいえるだろう。

母国では、すでに大学を卒業したものと同様の条件を満たしているので、大学院生としての推薦入学となった。専門性の高い分野（マネジメント学もその一つ）は大学院で学ぶのがアメリカの大学の特徴。四年間の大学は幅広くあらゆる分野を学ぶのが一般的である。

日本では土木工学を学び、アメリカにて工学博士（建設）号取得をすでに決定済み。前にも述べたが、大学での卒業論文が土木とマネジメントの二部構成だったので、ドラッカーは私を、マネジメントに関する博士にふさわしい人物に育てようとしていたようで、渡米したときにそう言われた。感謝の一言だ。この好意になんとしてでも応えるのが私の使命であり、やがてはおおいに役立つだろうと、改めて決意した。

アメリカの大学ではリベラルアーツ、すなわち自由学芸が基本である。七学のリベラルアーツ（文法・修辞学・論理学・算術・幾何・天文・音楽）に対応でき、人間としてバランスがよくとれ、知識とリーダーシップを兼ね備えた人を育てようとするのが、リベラルアーツといえる。各学科は少人数制が基本であった。

**勉強の仕方（タイムマネジメント）**

大学生は、週三時間の学習時間×一五週間＝四五時間で一単位。

週三時間の学習内訳は、

講義科目：一時間の授業と二時間の宿題、授業と宿題の時間比は一対二である。日本では宿題を要求する教授は少ない。

実験・実習科目：一時間は教授の指導、二時間は学生が自主的に取り組む。

着目すべきことは「一時間の授業に対して二時間の宿題をあわせて一単位」であること。

一週間の学習時間は、一五時間の授業＋四五時間の宿題＝六〇時間。

授業時間とは「教授と接している時間」のことをいう。日本のように、レポート提出でＯＫとか、教授の都合による休講や代講ということは一切許されていない。教授も真剣だが、学ぶ側の学生の考え方も学費に見合っただけの価値を求めるので、相方とも「教え・学ぶ」ことに熱心である。単位の安売り的教授は、アメリカやイギリスなどでは教授として失格である。学長・学科長そして理事長や各理事はもとより、職員として働く人々も「共育」の精神に手抜きはしない。大学にいるすべての〝人が共に育とう（共育）〟としているのが、日本とはかなり違う点である。

一方、日本の大学のほとんどは一コマ九〇分が原則であり、文科省の目ばかりを気にしてシラバスを守り、現状維持にとらわれがちである。つまり、文科省の言うがままで、各大学は文科省の顔色のみ気にして、学生を本当に育てるという心意気が感じられないことを最近とくに感じる。一コマ九〇分にとらわれる必要がどこにあるのか疑問に思う。アメリカの大学は、授業対宿題（一対二）がベースとなっているので、学生に休む暇は全くないというのに比べ、宿題をほとんど出さない日本の大学は異常である。そのためか、学生は授業以外に自発的に勉強する自習時間は、一日〇・四八時間（約三〇分）しかない（総務省「生活基本調査」）。

日本の大学はこれを許容しているために、学生の不勉強が起こるのは当然である。

アメリカの大学生の一週間の学習時間は、概ね一五時間の授業と三〇時間の宿題＝合計四五時間。この〝四五時間〟というのは、一週間の労働時間の標準が当時四五時間（今は四〇時間）と定められていたところから来ている。これを適正な学習時間として大学に取り入れたのである。

組織（企業）のトップになるための学問として、アメリカで現在でも人気度ナンバーワンの専攻分野がビジネス・アドミニストレーションである。管理（Administration）に関し、理論と実践からアプローチする。理論面では、微分積分・マクロとミクロの経済・統計学・会計学等、主として数学を重点的に行い、実践面では、財務管理・マーケティング人財管理・リーダーシップ学・オペレーション管理・各分野のマネジメント学を主として学ぶ。

ところで、日本では働く人々のことを通常「人材」と表現している。これは大きな失敗である。経済学・マネジメント学では、〝good〟つまり〝財〟として表現するのが世界の常識である。〝材〟は〝tool〟つまり〝道具や工具〟の意味を指しているのにもかかわらず、相変わらず日本では、「人材」の文字にこだわっている。「good man」すなわち「人財」として表現しない限り、今の雇用システムはやがて崩壊する恐れがある。

ドラッカーにこの「ジンザイ」に関して問い質したところ、「good man」が正しい表現で、英米では「tool man」とは一切表現していない。万一「tool man」と呼んだとしたら、その人のところには誰も寄りつかないし、人種差別として暴動が起こることもある、という回答が返ってきた。そして私が理念として「人は宝、人は財産」という考え、すなわち「人財」という発想をすでにもっていたため、私をマネジメント学科に推薦したのだとも語ってくれた。

## 九二日間、マネジメント学に挑む

留学中は、正味九二日×学習三時間×宿題六時間＝一六五六時間をかけてマネジメント学を自分のものにできた。時代とともに世の中は変化し、組織（企業）も新しい事柄（商品・製品……）に日々取り組まなければ、顧客のニーズに応えることができない。学問・研究・開発なども、法令・政治・経済・技術・社会・自然・環境等の要因に対する事象（課題・問題）に対して、人々も組織もそれぞれ、プラス要因・マイナス要因を見定め対応していかなければならない。そのために分析し、評価し、改善を行う。この他にもさまざまな事象があるだろう。マネジメント学はすべてのプロセスをコントロールするために必要である。

ドラッカーからはマネジメントに関する学習を八五日間（二五五時間）、デミングからは主として統計学を七日間（二一時間）かけて受講した。

ドラッカーの講義場所は教室四〇％、校内（教室外）および校外（公園・河川沿い・ホテルなど）六〇％の比率に対して、デミングは教室八五％、校外一五％であった。

統計学を教える場合は教室内の講義が多くなるのはいたし方ないとは思うものの、私見だが、データ収集のためには、より多く現場に出向き調査するのが妥当だと、そのときも思っていた。受け身の立場である学生としては、そのことは言えなかったものの、デミングが最終講義のとき、学生全員に「講義の内容や仕方に関して意見を述べよ」と言われたので、ありのままを述べると、「実は何人かの留学生からも同様の意見があり、是正しようと思いながらも、ついつい自分のやり方に戻ってしまっている。今回もそれに気づかず講義をし、最終講義の前日、一人で反省していた」と深く陳謝された。このことをきっかけに、デミングとも手紙を通じて、品質管理の統計書類（新情報・新手法）を、五〇～七〇回ほど取り交わすこととなった。これが統計的手法による管理・改善などで、その後、大変役立ち今に至っている。デミングが、パレートからも学んだということを手紙で知った。

デミングの校外学習は、「歩く人のマナーと車を運転する人のマナーの実態」、「ショッピングは何時間で何をいくらで買っているか」、「動植物に人は愛情をどれほどもっているか」の三項を少人数ずつ三班に分かれて一日中調査するというもので、その夜の内にまとめて、次の講義の時に、図・表などを使って各班発表し、他班の人からの質問に応答した。そしてデミングが最後に論評を加えた。

品質管理の向上と経営の効率化を統計的手法により解決し、改善するのがデミングの狙い所であり、それはマネジメントの一部を補填するものであると彼は言った。

一方、ドラッカーはいつも笑顔で我々に我が子のように接し、教える側と教えられる側相方が一体となって学ぶことに徹していた。つまり、〝共育〟である。教室内の授業の机・椅子もコの字型に設置し、それぞれ入室した者が箱の中に手を入れ番号札を取り出し、机の上に置かれた番号の場所に行き椅子に座る。コの字の前にドラッカーが着席。あるときには、早く来た人が入室順に好きな場所を選び、ドラッカー自身もこれらの方法により着席することもあった。ドラッカーに言わせれば、自由・平等・競争ということをわずか着席一つについても工夫し、体感させる指導方法を実践しようとしたのである。

ドラッカーの校外における授業方法もさまざまであった。木蔭《こかげ》で涼みながら、噴水の周囲を全員が囲む形で自由な姿で立ったり座ったりしながら、人があまり通らない階段式道路に座りながら、店がひまな時間帯には、カフェやホテルの一角を使いながら……など、多種多様だった。

校外授業の場合は、さほど時間（学校が規定した時間）にこだわらず、一定の効果や成果があるまでは、三時間でも五時間でも行った。この場合、休憩は概ね一時間ごとに一〇〜一五分は与えられ、この時間は何をしようと一向にかまわない。授業中といえども校外の場合、ドリンクも一向に構わない。

校内・校外を問わず、授業のあとの宿題や予習にはかなりの時間と体力がなくては対応できない。三時間睡眠論はもしかして、ドラッカー自身がこうしたサバイバルな経験を若かりし頃（とくに学生時代）にして、我らにそれを伝承しようとしたのかもしれないと気付いたことを、思い出す。

大学院生の扱いとして、これらの一連の講義の受講者は一二人。出身国は二人のアメリカ人の他、イギリス、フランス、ノルウェー、ドイツ、オーストラリア、カナダそして日本からの私。主たる専攻もバラバラ。すでに医学、建築、精密機器、政治、経済、哲学そして私の土木といった技術（匠）者の集まり。すでに博士の資格を有する者が五人。

これほどまでにバラエティーに富んだ人々が一堂に会するなんて機会は、余程のチャンスがない限り、今後ないだろう。我々一二人の結束力は高く、互いに今も交流している人もいる。

最終日は、各自わずか七五分で論文発表（実質六〇分で一五分は質疑応答の時間）。このときは、ドラッカーとデミングの他三名の教授が採点している様子であった。「建設分野を中心とするマネジメント管理システムについて……」と題し、私は発表した。他の学生もそれぞれ独自のテーマに基づき皆の前で発表する。〝独自でテーマをつくり発表する〟というのも欧米ならではの発想であろうかと思う。形式的なテーマだと教授の操《あやつ》り人形に過ぎない。

当然〝マネジメント〟および〝統計学〟を絡《から》めた内容であることが条件である。教授らの評価の結果、全員合格し、一同、互いに握手し教授にはお礼を述べた。

カリキュラムがすべて終了したのち、パーティが開かれた。

「受講者全員が一人の教授の反対もなく合格したのは、最初にして恐らく最後であろう。諸君は、それぞれの地に戻り大いに活躍してくれることを期待する。何をするにしてもマネジメントは人を動かす原動力であろう。自己啓発し、決して自惚れぬことなく、謙虚な態度で人々と接し、さらなる躍進を切に願う。おめでとう！」

教授五名を代表して、ドラッカーが我々にこのような祝辞を述べた。

謝辞は最年少の私が述べるよう、他の一一名から勧められて行った。

教授はそれぞれ奥様も同伴。また、アメリカ人学生の一人はすでに結婚しているので同じく奥様同伴（このカップルはどうみても六〇歳くらいに見えた）。

乾杯の後、それぞれ談話。少人数のパーティーと思っていたが、他の大学生も特別参加し、総勢八〇人くらいの大パーティーとなった。大学生の何人かが私の方へ来て日本の情勢を尋ねつつ、いつの日か先生と一緒に日本に視察団（？）として訪問するので、そのときにまた会いましょうなどと語った。後日、本当にドラッカーとともに来日した学生がいたものである。

祝賀パーティーの終わる頃、デミングとドラッカーから一言ずついただいた。

その言葉の中に興味を引く内容があった。

ドラッカー曰く、「すでに何かの博士号を所有している人は『マネジメント』に関する博士にもなれた。ダブル博士の誕生である。欧米ではなんら不思議なことではない。自信をもってダブル博士の称号を語るか、名刺に印刷すればよい。自信にもなるし、信用・信頼にもつながるだろう」

デミング曰く、「ドラッカーの話に加えて、私の知るところによればトリプル博士もいる。これからは、もし可能ならば『総合博士』の称号も創設すべきだと思う。その頃は、もう私はこの世から去り、天国へと旅立っているだろうが……。このように『総合博士』のシステムを諸君が提案し、それを実現してくれることを願っている」

このような発想にも、彼ら（教授）は先を読む能力の持ち主だったことがわかる。

私は工学博士（建設）は即座に使うとしても、マネジメントや統計に関しては、その領域に達していないと思っていたので、今日までは前者のみを名刺に使用していた。しかしマネジメントについて熟知した今は、品質マネジメント主任審査員はもとより、それ以上の資格制度（二〇一四年に新しくできた資格）〝QMSエキスパート審査員〟に合格し、マネジメントに関する総括代表となっていることもあり、本書の原稿完成時より〝マネジメントの博士〟として堂々と名刺にも記すことにした。

その理由は、より多くの人々や組織にマネジメントシステムの活用を促したいと思うからである。

## 留学時に教えられたポイント

▼やる気になれるしくみが組織には必要である。
▼判断基準を明確に決めること。
▼失敗と成功は紙一重だ。
▼大工と話すときは、大工の話す言葉を使え。
▼笑顔は心を癒し、人に幸せを与える。

▼会議そのものに対するルールを明確にせよ（会議の一〇か条）。
▼「一人でいるとき、一人で行動するとき」は自分に与えられた最大の時間である。
▼その与えられた時間をいかに有効活用するかによって、差別化も進化も見られる。
▼一日二四時間のうち、どれほど多くの時間、たった一人の時間があるのか、その時をムダにしていないか、考えてみよう。
▼その時間帯の活用は誰からも束縛されない。
▼一人の時間を最大かつ有効に活用しよう。
▼「意志決定」は絶対に明確にせよ（意志決定の一五か条）。
▼組織のためのイノベーション（経営刷新）を具現化せよ。
▼顧客や利害関係者は〝良さ〟を求めている。多角化・多様化は急いではならない。
▼最初は、アイデアからスタートしても、その途中から〝勤勉・持続・決意〟が必要となる。よって専門家の能力を欠くことはできない。
▼変化をチャンスとして受け入れること。
▼組織で働くすべての人がイノベーションを普通の仕事と思うこと。
▼ときには現場とは別の組織、評価制度、賃金体系など、さまざまな仕組みが必要となる。
▼組織は人を育てることを積極的に行うことが重要である。

▼組織のイノベーションとともに、「自己のイノベーション」についても具現化し活動すること。
▼重要なことは、「できないことではなく、できることがいくらでもある」ことに気づくことだ。
▼組織をつくるのは簡単。しかし、組織の持続的成長は容易ではない。だからこそ、マネジメントをシステム化し組織の運営をスムーズに行うよう構築すべきだ。
▼マネジメントは視野を広くもち、心を培うことにより自然とうまくいく。
▼負けず嫌いとか、好奇心などから貪欲に学び実践する人になれ。
▼アイデアが多くあっても具現化への道のりは厳しいものだが、根気よく、失敗にめげずに行うことにより、事を成すものである。
▼経営者は、たとえ新人のアイデアであっても快く受け入れよ。なぜなら、彼らは経営者より相当若いがゆえに新しいものを欲しいから提案しているのだ。
▼己れのもつ個性が相対する人に快く受け入れられているのか検討する余地がある。
▼感性豊かなる人となり、こうした人が多く集まる組織こそ、世に役立つ存在といえよう。
▼「気配り」をいち早くわかる人になろう。マネジメントの要《かなめ》に「気配り」も位置づけること。
▼「イエス・マン」もよいが、問題によっては「ノー・マン」であってもよい。しかしながら「ノー」と言う前に疑問点を質問し、納得できない場合に言うことが大切だろう。
▼「先手必勝」と言うだろう、高度情報化社会はどんどん進むことだし期待もする。先を読み先取り

せよ。

まだまだ多くのことを教えられたが、キリがない。主として「プロセスシート」としてまとめたのが、マネジメントに関する博士号を目指して留学したとき、学んだことを凝縮したその一部である。

# 五章　渋沢栄一記念財団等、ドラッカーの視察に同行

——一九六三（昭和三八）年

## 渋沢栄一の拠点、飛鳥山公園をドラッカー一行と視察

学長の私設秘書（書生）として一九六〇（昭和三五）年八月から学生生活を満喫してのち、卒業式を迎えた。これもひとえにあらゆる人々に支えていただいたお陰だと思う。「感謝」の一言に尽きる。

卒業後は「関東学院大学が提携しているアメリカの大学に留学し、帰国後に母校に戻り、将来は大学教授となる」という目的で入学したものの、兄（三男）の死去のため、この計画は断念する他なかった。

特待生（四年間授業料免除）の条件が、大学に戻り教授になることだったが、山岡家の跡取《あとと》りとして帰京せざるを得ない境遇を学長（大学側）も理解してくださったことは誠にありがたかった。

就職先は自分で探し、理想とする総合建設コンサルタントの会社（大阪本社）に入社したが、その後も、ドラッカーとは互いに手紙にて交流を続けた。確か五月初旬にもらった手紙には、私の誕生日（五月一八日）の祝いの言葉があった。最初にお会いしたときに言った生年月日をしっかりと覚えてくださっていたのはうれしい。さらにその手紙には、「六〜八月の間に一四〜二〇日間ほど訪日するが、その際、渋沢栄一のことをより深く知りたいので同行してほしい」旨が書かれていた。

もとより、私は幼少時から、日本の商売の神様のような存在の「渋沢栄一」に関することはよく聞き知っていたので、「同行はいつでもＯＫ」と手紙で返事を送った（今なら、メールや携帯電話で即

座に対応可能だが、当時の通信手段は、手紙かハガキあるいは固定電話や電報などに限られていた）。

七月中旬、すでに来日していたドラッカーと多分教え子だろうか、三人の若者（私と同年代）が、あらかじめ打ち合わせ済みの国鉄東京駅丸の内口にて合流。久しぶりにお会いしたが最初にお会いしたときとほとんど変わらず元気いっぱい。笑顔笑顔で互いにタッチ・握手し、抱き合った。ドラッカーは日本語を片言混じりではあるものの随分と使えるようになっていた。ドラッカーの紹介で若者二人にも挨拶。その内の一人は確か日系二世で日本語を流暢に話す。ほぼ標準語ではあるものの関西弁に近かった。

また他の二人も片言ではあるものの日本語を上手に使った。したがって、そのときは同行するにしても苦もなく、楽しく案内ができた。今、思うと実に気楽であった。なお、案内する当日は平日の水曜日。当時は三か月間ではあるものの、建設省（現国交省）に出向の身だったので、出向先の上司とその上司（課長）に休暇願（休暇理由）を提出すると、「これは日本のために案内するのだから、休暇扱いにはしなくてよい。もし、ドラッカーの時間に余裕があれば、夕食を一緒にしたい旨を伝えてほしい」との課長の言葉を携え、目的地である渋沢栄一の史料館のある飛鳥山（東京都北区西ヶ原）小丘陵に向かった（飛鳥山：標高二七ｍ。現在は「飛鳥山記念公園」となり、その一部に史料館があった。飛鳥山は江戸時代からサクラの名所として、今も多くの日本人の知るところである。ここに、渋沢栄一をたたえる記念碑や渋沢栄一に関するさまざまな施設建造物がある）。

史料館では学芸員の案内により、渋沢栄一の社会貢献の歩みを知ることができた。国内を始め外国から来られた名士との語らいも、文献や写真・絵画などからもよくわかり、一同感動した。「論語と算盤《そろばん》」はほとんどの人が一度は聞いた言葉だと思う。渋沢栄一の名言は多岐にわたり、その思想の深淵は心に残る。

飛鳥山の標高はさほど高くはないものの、当時は周辺に今のような高層ビルもなかったので、三六〇度、あたり一面を一望でき、我々は風光明媚《めいび》な景色を堪能し、心も和んだ。

飛鳥山一帯を散策しながら、最寄りの駅を目指して下山(?)。国鉄で東京駅に到着すると、前記した建設省の課長と三人が私たちを出迎えに来てくれた。あらかじめ計画・準備されていたのだろうか、東京駅構内にある日本国有鉄道関係者が利用する施設に入り、建設省と日本国有鉄道の歴史、及びどのような仕組みで管理されているのか等々に関して小一時間説明を受けた。ドラッカー始め同行者らは興味津津《しんしん》で、大いにディスカッションを展開したが、経営管理・品質管理を目指す我々にとっては貴重な時間であった。

その後、すでに手配されていた(建設省側がセッティング)ホテルに移動。食事も可能な個室に一同入り、総勢八名はとりあえず生ビールで乾杯となった。ドラッカーと課長に促され、私が出会いと運命《さだめ》を簡単に述べ乾杯の音頭を取らせていただいた。ドラッカーも課長も、私からすれば父親や兄に相当する年齢で、そんな人から「乾杯の音頭」のご指名には感極まる境地であった。

乾杯の直前に頃合い良く、大学の恩師の古谷寅雄氏（元国鉄の管理職かつ元関東学院大学土木工学科教授〈鉄道工学〉）と現職の国鉄の技監クラス一名が同席された。そもそも、当会館をセッティングされたのは古谷元教授の指示だったと、後に技監から聞いた。

乾杯で「感極まる境地」という表現は、たいそう大袈裟すぎると思われるだろうが、二四歳の若い私にとっては本当にそのように思ったのだ。

生ビールのあとは、日本酒、ウイスキー、ブランデー、ワインといただく。酒類はすべて日本の商品。

そのとき、互いににこやかに談笑する中、ドラッカーが言った言葉の中に、今も記憶に残っているものがあるので、以下に記しておく。

▼強みをさらに強みに進化させよう。
▼弱み（マイナス要因）はチャンスとして活かそう。
▼起こってはいない現象を探し求め、改善や改革をしよう。
▼企業（組織）とは人なり。しかしながら、本当にその真意を満足させる企業（組織）はまことに少ない。我々生きている人間はこのことを実践し、満足度を追究し、社会貢献につなげなくてはならない。

▼ここぞというときこそ、その知力が出るのではないか。無意識に実行すべきである。
▼人は自分のことはわからないが、他人については誰でもプロになれる。
▼目標の設定のしかたで、現在と未来のバランスをとることが可能である。
▼今、必要なものは何かをよく考えよう。
▼将来（未来）に必要となるものを追究せよ。
▼「世の中に役立つことは何か」について論じ実行しよう。
▼自分を磨き、社会への貢献が可能なビジネスに活かすことが強みである。

食事会が終わった後、ドラッカーのホテルに行くと、改めてワインとドーナツなどがふるまわれ、互いに末永く交流することを約束した。深夜にもかかわらず、ドラッカー自ら私を送り、「グッバイ、トシオ・ヤマオカ」「マタアイマショウ」「アリガトウ」……の言葉で別れた。私はタクシーで建設省の官舎に戻り、その日の出来事を書き留めた。

ドラッカーとともに訪日した三人ともその後、手紙やハガキで、それぞれ母国の経営・経済・学問などさまざまな事柄について情報交換を永い間交わした。アメリカ・イギリス・オーストラリアとそれぞれの母国で活躍しており、その内一名は経営情報コンサルティング企業のオーナーとして今も健在で、何年かに一度は日本を訪れ、日程が互いに合致する際には、東京圏か関西圏で会って親交を深めている。ドラッカーから手紙がこなくなってから久しいある日、訪日した彼からドラッカーの逝去を知らされた。自宅で大変穏やかに永遠の旅立ちをされたということだった。

「我が師よ、安らかにお眠りください。そして我々をどうぞ天国より支え見守ってください。無限の力を与えてくださってありがとうございました」と、遠き地よりドラッカーの命日（一一月一一日）には、我が山岡家のお墓参りとともに、他の恩師にも感謝の意をもって一人偲んでいる。

## 博士号授与式のために渡米

この年（一九六三年）のクリスマス・イブの三日前、「マネジメントおよび土木工学に関する博士号授与式を行うため、可能な限り本校に来られたし」との連絡があった。

合理性やスピードを重視する欧米ならば、最終講義後か、祝賀パーティーの際に授与されてもよいのではないかと、私の勝手な意見を学長に述べたところ、「〝郷に入っては郷に従え〟という諺もある。旅費でもし悩んでいるなら返済なしの条件で必要経費を出してもよい。授与式にはぜひ参加するのが好ましい」と背中を押していただき、渡米を決意。留学に先立ち母から受け取った五〇〇万円のうち、まだ手元に一五〇万円ほど残っているので、それで十分賄えた。学長のお気持ちだけ頂戴し、渡米した。

授与式の会場は、以前使った階段式教室。この半年間で博士号を授与される対象者は二五人。アルファベット順に授与された。その後、授与者は同様に、アルファベット順に謝辞と今後の決意を一人三〜五分で壇上からスピーチ。その後、主として担当した教授（確か三人）から祝辞があった。

この日の授与式にどうしても都合がつかなかった三人には、郵送もしくは再度、春学期、最終月（五月）に参加するよう伝達された。三人の姓名を事務担当職員から報告あり。約三時間でこのセレモニーは終了。バスがチャーターしてあり、祝賀会場であるホテルに直行した。

博士課程を受講し、その最終日に合否判定することを予想していなかった。この点をデミングとドラッカーに聞いてみると、「受講対象者は、トシオ・ヤマオカを除いて、すべての人が社会人として実務経験豊富で十分な知識を有しており、また多忙な人ばかりなので、総長（学院長）、学長などと協議の結果、欧米では以前からこのようにしている。君の場合は家業後継などの実績も考慮して承認した」とのことを聞き、一つの疑問が解けた。今もこの制度があるかどうかはわからないが。

国は違えどパーティーはみんな好きなようだ。祝賀パーティーに参加し、参加者の一人でも多くと交流することも人生にとっては有意義。コミュニケーションはどのような形式であっても一向に構わない。人あるところに、他人《ひと》の知という財宝がある。

前回留学したときとは違い、教授五人、事務職員二人、助手五人、そして我々二五人、総勢三七名とコンパクトな人数である。しかし予定表は濃密な内容であることに気づく。二五人を主人公としているところに感心した。

進行役は事務職員、教授代表としてデミング教授が祝辞。他四人の教授は一言の祝辞のみ。続いて、トリプル博士一人のスピーチ、ダブル博士三人、シングル博士二一人が謝辞と決意宣言を述べる。なお、決意宣言は内容を箇条書きにした文書五項目以内、博士称号内容、宣言、日付、国籍、氏名（サイン）にして、デミング氏への謝辞のあと二通渡し、二通ともに担当教授がサインし、一通を我々は受け取る。この方式は確か二回目だとのこと。

パーティーに参加するには、当然会費の徴収があるものと思い、財布にドル札を入れていったが、会場には受付けらしい場所も担当者もいない。

事務職員に尋ねてみると、大学院（博士課程）生や博士号授与などのパーティーの場合、「博士育成基金財団」があり、この財団にその都度申請書に必要事項（予定開催場所・予定参加人数等）を記載して提出しておけば、参加者の国籍・職業・年齢・男女の区分等を確認した後、遅くとも七日後に返答がある。どうぞ、存分にともに祝いたいとの説明があった。

前回の博士号授与のときのパーティーの場合も、確かに一ドルも徴収がなかったことを思い出した。財団に寄付する企業にとっては、優秀な人を集めるために、アメリカ全州の大学に、企業名と年度ごとの寄付金額のリストが公開され、学生にも配布されるので、それを広告宣伝費と思えば取るに足りない額である。

二つ目のメリットは寄付した企業は、その企業で働く有能な人物を大学への推薦状提出のみで入学させることができる。

三つ目のメリットとして、企業の研究者をテーマに相応しい大学の研究所（研究室含む）に派遣することにより、指導教授と併せて、他企業の研究情報などを得ることができる。ただし、派遣する場合、年間一名当たり最低一万ドル（当時、一ドルは三六〇円の時代）をその大学に前もって納付しなくてはならないが、「金では決して買えない価値がある」と各企業は考えている。

アメリカの各州では、他の寄付も含めて、日本のような一定額の寄付控除の他に、〝善良なる寄付〟と認められた場合、全額控除される制度がある。

一方、大学側は企業から寄付などの指定をもらうために、レベルの高い教授はもとより、職員採用に当たっても高難度の試験問題と厳しい面接内容にパスした者を採用する。準教授と職員には、年二回の技術能力開発教育（一回当たり二五時間）を実施し、その結果を公開する大学もある。寄付金や派遣人数の多い大学として企業から認定してもらうための大学間競争も起こるものの、短大や大学・大学院生の入学志願者数を多く募るために努力をしつづけているのが私立大学である。欧米では、私立大学が国立及び州立の大学よりも秀才・天才を多く世の中に出していることがよく理解できる。

産学供与の精神は私立大学においては真の有名大学になるためのコツであるともいえる。

さて、トリプル博士号をとったB氏は六五歳、男性、医学博士。四五歳の時、病院の医療機器は、ちょっとした工夫（改善）によりもっと効果的で効率の良い活用ができるのではないかと日頃思っていた。妻（内科医）の勧めにより、一念発起し、自分は理事長、妻が院長、息子が副院長（その妻は外科医）となり医療機器の会社を設立。設立に先立ち医療機器にかかわる博士号を一九五〇年に取得。これを商品化し医療業界に売り込み、いまや商売繁昌。今度、マネジメントシステムを流通させ、やがては長男に社長になってもらう、といったことをB氏は語った。だからマネジメントの博士となったのはうれしいとのこと。

ここで、B氏としたのは、発言の中で、頻繁に、ビジネスとかバランス、バトルバスターなどBを頭文字とする用語を使用されたゆえである。

ダブル博士となったD・H氏は、オーストラリアの国家公務員。二五歳にして経営・経済学博士となり、弁護士の資格もすでに取得。公務員の立場では組織の歯車の一つに過ぎないし、資格を活用する機会が極めて少ない。決意してからは実に速い。およそ一か月前に退職し、起業して企業運営のための戦略的かつ新しい情勢をキャッチし経営のスペシャリストになり、コンサルタントとしての生活を始めた。マネジメントの方法をシステム化すれば、コンサルタントとして企業診断もできるであろうと思い、マネジメント学科の博士号を取得する気になった。

もうすぐ三女が生まれる。妻を十分説得できたので、このたび参加し、即座に博士号を取得することができた。生活の目標ができ、未来は明るくなり、顧客はもとより従業員にも愛情を注げば実績も上がると思う。妻も勤めていた会社をやめるきっかけになるので、今回の朗報をすぐに伝えたという。

その後の便りによると、小さいながらもマンハッタンで起業するということで、「一企業の助言者としてトシオ・ヤマオカにも参画いただきたい」とのメッセージがあり、非常勤取締役や最高顧問として参加することで後日正式に契約した。とにかくベストを尽くし、チャンスを手中にしたいとのこと。

ここでD・H氏としたのは「チャンス」を見逃さず「ベスト」を尽くす覚悟が妻とともにできるとの言葉が話の中に少々使われたためである。B氏（トリプル博士）とD・H氏（ダブル博士）との交流は、その後もお会いしたり手紙のやりとりなどで相当永続きができ、大きな収穫となった。

その後、トリプル博士B氏はシカゴ、ダブル博士D・H氏はイギリスに行ってビジネスを展開したようであった。

# 六章　クオリティ・マネジメントシステムのポイントを学ぶ

――一九六八（昭和四三）年

## 京都でドラッカーに会う

京都市内は盆地のためか、夏は蒸し暑く、冬は冬で底冷えのする地域である。京都に生まれ育った者にはたいしたことではないが、他国や他地域から来られた方々には相当辛いだろう。八月、夏真っ盛りに来日したドラッカーら一行は暑さにめげず日本各地を視察する目的で京都にも訪ねて来られた。以前も使ったことのある京都大学正門前の喫茶店で落ち合う。ＢＧＭもなく、来店客のほとんどは上品で物静かな方ばかり。夏期休暇中でも、教授らしき人や学生もいる。

ドラッカー夫妻と大学生二人とともに、近況報告や雑談などひとしきり語り合う。

ドラッカーと私は別席に座り、特にクオリティ・マネジメントシステム（ＱＭＳ）に関連するポイントを論じ合い、彼の見解を数々教えていただいた。

眼光鋭く人を惹きつける魅力のあるドラッカー。一言一句聞き逃すまいとする私に、万一のためにと、英文で書いたものを持参してくれた。これはありがたかった。後日読み返すと、一般的なことも多く記述されているが、今後の交流において、おいおい知ればよい。物事は急いではならない。ドラッカーのペースに合わせるのも一つの選択だと、そのとき考えた。

このとき聞いたポイントと雑感を以下にまとめてみた。

▼マネジメントはすべての人に必要。

「経営理論や経済学などいくら問うたところで、空論に過ぎない」と以前から感じている。マネジメントはさしずめ経営者や経営層が構築し、実行するもののように考えがちだが、それはまったくおかしい。働く人のすべて、すなわち、一人ひとりがマネジメントに立ち向かわなくてはならない。誰かがやるだろうなどと思ったり、自分に与えられた仕事（物事）だけをやればよいと思うのは愚か者である。愚か者の集団（組織）は先々滅びる一方である。

社会人になり立ての人でも組織にとって必要だと思うから雇用するのだ。組織人となった以上、任された仕事以上のことを自発的に行うことが大事であり、こうした人物が多い組織は成長し、社会に良いものを提供でき喜びもひとしおだと考える。

一般の社員と上層部とが違う点は、上層部になるほど、「責任と権限と義務」といったものが多くなるだけである。ピラミッドの頂点にいるトップは下の支えがなくては、その位置に留まっていることは不可能である。したがってトップは留まりきれるように下位の人々を大事にし、共育することが重要である。クライアントはそのことをよく知っており、期待している。これでわかるように、「一人であっても組織」という理論は君ならわかってくれるだろう。

▼システムそのものを共有してこそ満足できる。

システムについて今さらトシオ・ヤマオカに言うのもいささか気がひけるが、一応私の持論を述べる。日本においても当然だろうが、「システムとは複数の要素が有機的に関係しあうとともに、全体としてまとまった機能を発揮している〝集合体・組織・系統・仕組み〟等」の意味であると思う。

意味すなわち、意図する事柄は、経営側面・経営影響・経営プロセスが組織において働く（活動する）すべての人が十分に機能を発揮するとともに、一人残らず満足感を共有してこそ、よいシステム、よいプロセスといえる。

### ▼マネジメントシステムはクオリティにあり。

世界中の人々が生きる喜びをもつためには、クオリティを完結化することが必要だ。私はそのことを念じ、マネジメントがシステム化されることを世に訴え続けたい。

各国がバラバラでは、地球人として恥ずかしい。恥じることなく、この地球に生き続け、後世の人々にも喜ばれるためにクオリティは最も重要である。互いに共有し、変化・進化を独占せず良いと思うことは公開し、笑顔溢れる幸せをもち続けてもらいたい。人が使うツールも働く人の力量も大事。「ヒト・プラス・ツール」の一体化された表現をクオリティという。そのことを理解している人物ははなはだ少数である。だからQMSを国際規格にすることこそ地球人の使命である。ゲンザブロウ・シラヤマ、トシオ・ヤマオカ、そして私の三人で啓発しよう。

### ▼学ぶということは。

学び・知り・応用・実践するためには、本をまず読みこなすこと。本を買わない人がだんだん増えている。

また、著者から本をいただいたにもかかわらず、まったく読まない人、仮に読んだとしても著者にお礼を言えない人もいる。

トシオ・ヤマオカはその点感心する。学長夫妻から伺い知った。「とにもかくにも彼はよく読み、ときには主要なところを書き写しているし、書評も積極的に私どもに述べ、意見を聞くこともある。むしろ私は、彼に効果的な学び方を教えてもらっている」と後日、白山学長から聞いたことを思い浮かべ、君に今一筆認めている。この点は我が息子のような君から感じ取っていた。

この調子で、勉学に励み、良き社会人になり、人に仕え、人の上に立つ人物となってくれることを心より願う。

## ▼一味違う人になれ。

他人と同じこと（レベル）を行っていては、それほど進歩しない。たとえば、ある人から学んだこと、それが君の言う五ゲン（原理・原則・現地・現場・現物）とやらで一味も二味も加えることにより〝君らしい〟人間像が確立する。そのうちに、ある一定の知識人は年齢に関係なく認め、ときには尊敬し、交流も一層深まるだろう。何事もあきらめてはならない。我慢強く、前進していこう。

「人になれ」とは、私の解釈では並大抵なことではないが、〃良人たる良人になれ〃ということだと今、思いつく。他にももっと良い表現があるかもわからないが、簡単に言うと〃良人たる良人になる〃のがふさわしいと考える。

私を慕ってくれる学生や知人には、こうした心得をもって共に前進すべく〃共育〃している。ついでながら「教育」ではなく「共育」という表現を私は好む。君からも、母国の学生諸君からも私は学んで得ることが多いから。

### ▼本を読まない人には本を贈る必要なし。

一冊の本にまとめるための労力は並大抵ではない。小説はともかく、執筆は事実に基づき、ペンやタイプライターで書く。書きっぱなしではない。読み返し、校正し、妥当なのかどうか時間を置いたうえで作品を完成させる。この苦労(いや楽しみかな)は、執筆経験のない人にはわからないだろう。筆者の心を我が物としてつかみ取り、自分の人生に活かすためにはよく読むこと。読むということは理解すること。理解した後、自分なりにさらに一味加えるよう、学生たちに私は強調している。こうしたわずかなことだが、この「わずか」を実行するか否かによって、他人との差がつく(今、コーヒーを飲み、ドーナツを食べながら、ひたすら未知の強さをもっているトシオ・ヤマオカ宛に認めている)。

### ▼一日二四時間という時間は、神が皆に平等に与えている。

学校で学ぶ時間も職場で働く時間も、一日のうち、おおむね八時間に過ぎない。残りの一六時間をどのように使うかは、神々は己にゆだねている。

しかもその時間はすべての生きている人に平等に与えてくださっている。この事実をよく覚えていれば「時間の有効活用」の仕方は自分で決めることができる。移動する時間や食事の時間帯でも、考え学ぼうと思えばいくらでもできる。

## ▼与えてくださった時間の有効活用の仕方で他人との差が生じる。

以前、便りに認めた続きとなるが、一日二四時間のうち、睡眠時間を除いて己が自由に使うことのできる時間があるか？　考えなくとも明白であろう。

よほどのことがない限り、拘束されていない時間が多いことに気づくものだ。無拘束時間を前向きな事柄にいかに対応させるかは自由である。

自由を許してくださったイエス・キリストや神々に感謝すべきだ。感謝の心が本当にあるのなら、互いに、存分に時間の有効活用をしようではないか。きっとトシオ・ヤマオカはしていると思うが……。

## ▼二四時間のうち、人間は約三時間の睡眠で生命維持、生活現象が保たれる。

幼少時、父の友人である医学博士に父といっしょに聞いたことを、私はその翌日から実行してみた。もともとあまり長時間眠らないので確かに三時間で十分だった。五時間の睡眠が習慣だったのを少しずつ短縮し、半月後にやっと三時間に到達。この三時間に到達したときの感動は今の年になっても忘れはしない。自分にはわからないが、妻や他の人に対して、寝息をたてたり、寝言を言ったり、鼾《いびき》をかいたり、寝返りをうったり、もしかして迷惑をかけたかもしれない。とはいうものの妻は未だに何も言わないところを見ると、傍迷惑ではなかったのだろう。気分上々。

### ▼二一 時間を存分に使い切ることのできる楽しさはお金では買うことは不可能である。

教わったときから実行すると、確かに大丈夫であった。しかしながら、七〇歳頃から夜は三～五時間の睡眠でよいときもあるが、さすがに三時間だけの日は、家にいるときは昼寝を三〇分～一時間とれば頭もすっきりする（本書をお読みいただいたあなたも一度試してみてはどうでしょう）。

### ▼与えられるより与える方が人間は幸せだ。

お金が欲しい、名誉が欲しい、仕事が欲しい……などなど、欲張り（強欲）な人は、何も与えられないし得もしない。

労働そのものの価値が代価となり、存分な活動の結果、名誉たる称号を他者が評価した後、得るものである。

「与えられた仕事をやればそれでよい」と思っているようでは凡人である。並以上の人、秀れた人物はごく自然に行動しているように見えるが、そうではない。働くことに生き甲斐を体感している人は、楽しんで働き、その仕事が自分のためになるとともに、世の中の人々のためになることを喜びとしている。

「生き甲斐」、すなわち、この世に生まれてきて良かったと思えるような人生をともに送ろうではないか。トモダチよ……。

## ▼学生の目的は、学び得ることに尽きる。

学校に入るのはそれほど難しくはない。いや難しくてもよいが、難関校にする必要はないと私は思う。実際、アメリカやイギリスなどはこのことをよくわきまえている。

日本の場合、その逆になっているように聞いている。

入学してからが勝負である。「入るは易く、出るのは難しく」の方が理想であると思う。入学した途端、学問に心を入れず、適当に生きている人が結構いるように思う。これは、ハイスクールの経営そのものに問題があるのではなかろうか。

いったん勤めてから、ユニバーシティ（総合大学）に入学し、さらに磨きをかける人が、アメリカではかなりいる。カレッジよりもユニバーシティを選ぶのが好ましい。ユニバーシティの方が他学科、他学問など学ぶチャンスが多くある。ユニバーシティの良いところは無数にある。トシオ・ヤマオカはそのことを上手に手中に入れたようだね。さらなる磨きをかけよ。トシオ・ヤマオカにエールを送る。

## ▼教授は教えるのが本業であるが、実は学生から学び得ることが数倍多い。

ゲン・シラヤマ（白山学長を、時々このようにドラッカーは呼んでいた）から私が教わったことの一つに、〝学生から学び得ることが数倍多い〞と聞き、共感した。帰国後、学生たちを噴水のある公園に連れて行き、「何を感じ、何をどのように改良すべきか」をテーマに各自の意見を交換できるワークショップを時々取り入れた。ワークショップの良さは、学生の自発行動が見られ、さまざまな角度で物事を考えるチャンスになることである。その場、その時間を与えるのが教授としての役目であるとともに、多数の発言をまとめて少し助言をし、結論に結びつけるのも、指導者としての役割だと思う。

学生の目の輝きをキャッチし、彼らがおのずから進歩することが、私は教授としての指導力だと思う。いつの日か、ゲン・シラヤマやトシオ・ヤマオカとともに、このことに関して議論を交したい。議論は何回行っても損はしない。

## ▼学びはいくらでもある。学んだことを実践してこそ価値がある。

神々や祖先や父母からなど、あらゆる人々のおかげで、今、我々はこの地球に必要とされ生存している。生まれた限り、それらの人々に応えなければならない。

学びはあくまで手段である。学んで終わりでは何もならない。無に等しい。実践してこそ、学んだことが活きるのである。物事を成功させるためにはあらゆるプロセスを明確にしなければならない。途中のプロセスには難関があり、失敗も何回もあるだろう。「ニホン」の諺に「失敗は成功のもと」がある。失敗に負けず挫けず、「カイゼン」を繰り返していけば、やがては成功するものだ。

多くの発明家や特許を得た人物の生き方をよく見ると、その取り組む姿勢がよくわかるだろう。価値ある人生とはそのようなものだと私は思う。

## ▼社会人として一年生は非常に重要である。

初めての勤め先には魔物のような人々が勤務している。働いて生き甲斐をその職場で見つけようとただ頑張っても効果はない。直属の上司や同期の者たちは競争相手だと思え。企業（組織）にはさまざまな人々が働いている。他部署や経営層と親しくなり、彼らのうち一人でもよいから君にとって最高の師匠を見つけ、その師匠と深く交流すると実力を存分に発揮できるチャンスを得られるだろう。チャンスを逃してはならない。与えられたチャンスはやがて、びっくり仰天するようなビジネスを生み出すであろう。それがトップとなるキーワードだ。

## ▼同族経営や学閥のある企業は発展がない。発展したところで一部の人が得するだけである。よって、そのような組織に参加した場合、何かを得た段階で辞めて自立せよ。

私の経験知から考察し分析してみると、「同族・学閥」は持続的成長・成功といった望みは組織全体ではあるものの、努力すれども自分の成長は認められないという風土がある。ごく一部の人ではあるが、日本を離れ、アメリカに来て実力を存分に発揮している人々との交流がある。彼らはなぜそうしたのか？　数人の人に聞いてみると「日本では伸びていく人物を潰そうとする風土がある」など、類似の発言を耳にした。

時は待ってはくれない。神々から与えられた貴重な時間を効率的・効果的に使う気持ちがあるならば、その組織の良い部分を一部覚えておき、起業せよ。トシオ・ヤマオカにはその能力は十分にある。勤めている企業の規則に反しないならば、クオリティ・マネジメントの起業を勤務先にいながら取り組んでいくのもよい。こうした教え子は結構いる。日本でも可能ではないか。

※私は、㈱近畿復建事務所（現、中央復建コンサルタント㈱）の入社式宣誓のとき、「六年間一生懸命働き、会社に貢献します。しかしながら六年後は独立し、同業者として自立します」と言った。この言葉は自分自身へのプレッシャーでもあるとともに「学閥」をなくそうとする意気込みから、新入社員代表として答辞の中に入れたことを今でも覚えている。

### ▼言ったことは必ず守れ、そうすれば幸がある。

言うことは簡単である。言ったことを実行するのが大事である。日本の言葉で確か「有言実行」との熟語があるように、言ったことを実行しなくては無に等しい。実行するかしないかは自由であるが、実行することによってあらゆるものが得られるし、与えることも可能である。自分をコントロールする。すなわち自己管理がマネジメントの原点である。クオリティは人そのものにより成り立つものだ。トシオ・ヤマオカならできるだろう。守れるだろう。

※大学三年から東大生研に通い、軽量化橋梁の卒論が認められ、特殊設計課では、アルミニウム合金や人工軽量骨材使用による橋梁・道路施設に採用（当時の「建設物価」誌の表紙と記事にも掲載）等々あり、学協会で発表、土木学会視察団としてアメリカ、ヨーロッパ等を訪問した。

一か月間、あらゆる職場経験をした後、二か月技術部第四設計課（通称、特殊設計課）で課員同士のサバイバル。三か月間の建設省（現・国交省）出向の後、三か月特殊設計課で働き、次の辞令では三か月間、日本国有鉄道構造物研究所に出向し、東海道新幹線新大阪駅の設計（実験含む）にも関わった。これは大きな経験であった。

## ▼今、雇われている立場であれど、何かを同時に経営しよう、後々を考えて……。

確かに経営者になるよりも、雇われる身は気楽かもしれない。学生全員に助言することではないが、才気煥発な学生には私は訴える。突出した能力があれば、その才気を世に証し、世のために尽くさなければ悔いが残る。彼らを我が子と思って助言する。トシオ・ヤマオカもその一人として切望する。

※大学生時代に受け取った手紙からドラッカーの助言を読んで、それほどまでに言われるならと思いつつ、勤務先の経営者に相談してみると、「就業規則または付属書のどこにも兼務してはならないという規則はまったくない。したがって君の好きなようにしてもよい」との返事をいただいた。とはいうものの、勤務先に損害を与えてはならない。建設省に出向した際、本省の課長にも同じことを相談してみると、「大いに結構。我々も

応援する。やりたまえ……」などとありがたい言葉をいただいた。

経営・経済に精通したドラッカーや白山学長に巡り合った経験も自分の宝物と思う。幼少時代からの読書も役立った。

六年間、サラリーマン生活を送るとともに、入社六か月後に山岡経営研究所（とはいっても、私一人）所長になる。この山岡経営研究所が、六年後の株式会社山岡経営コンサルタントになり、有限会社にほんそうけん、そして今日、統括代表として働く「にほんそうけんコンサルタント」になっていく。

クオリティ・マネジメントシステムがＩＳＯ化してから二十数年ほどの年月で、ＱＭＳを中心に他の規格も随時発行され、国際規格（ＩＳＯ）に合わせて国内規格（ＪＩＳ）も発行され、多くの組織が取り組むようになった。

### ▼諦めてはならない。

何事についても諦めては今まで歩んできたことが無になる。決して諦めるな。もうどうしようもない、仕方がないと思って断念したり、悪い状態を容易に受け入れたりするようでは進化はみられない。

目的があって、その目的により目標を立てたなら、目標達成のために、他人より一歩も二歩も早く前進することを忘れてはならない。確かに、他人と同じ速度で歩むのも、あるものごとについてはいいだろう。しかし、これは自分にとって最も重要であり、他人には到底不可能と思われる案件には、大胆不敵の精神で立ち向かうことが、夢が夢に停《とど》まらないで、現実のものとして叶う原動力だと常々思っている。

### ▼失敗は成功へのプロセスの一部に過ぎない。しかし、同じ失敗はしないこと。

どのような人も失敗が一生涯のうちにまったくないことはあり得ない。私もその一人だが、君はどう心得ている？　時代とともに新しい物が世に出現し、便利になっていくと同時に、その利便性に人々は寄り添って生活している。ゲン・シラヤマとトシオ・ヤマオカとともに、関東学院大学の校内にある〝実習工場〟を見学させていただいた。まるで工業地帯の一画のように私は感じた。当大学の創始者は四人であると聞いたが、創始者の構想そのものが神学校から総合大学にまで発展したことと想像する。自動車メーカーと関東学院大学との絆は深いものだ。〝実習工場〟は学生の働く場所であり、学ぶことも多くあることだろう。教える教授も大変だろうが、学生とともに成功への過程には何度も失敗があったと思う。同じ失敗を繰り返さず、次のプロセスへと進んでいく。実学・実践のできる環境に恵まれた人々は後々も一生忘れず、研究開発において多くの特許を取得するだろうと私は大いに期待する。トシオ・ヤマオカも母校を愛し、母校や社会に対して大いに貢献することを願う。

※材料・表面工学研究所所長の本間英夫氏との交流が始まったのは、以前私が書いた『知者は点ではなく線で学ぶものである（下巻）』の中のドラッカーに関連する文章を読んでいただいたお陰かと思う。〝本は時として

縁結びの神〟となる。正しく書名の意味するものだ。

歳は少しばかり私が上だとしても、本間教授（所長）のモノの考え方やスピードは素晴らしい。研究開発に参画しているいわゆる技術供与企業も活気に溢れ、今後の成功を導くものと確信する。各企業との絆もぜひ保ちたい。私が各企業に供与できることはＩＳＯとＣＰＤくらいだが、この二つは、にほんそうけんコンサルタントとしては自信満々である。奇しくも二〇一五年五月一九日、関東学院大学材料表面工学研究所において、〝マネジメントの生みの親「ピーター・Ｆ・ドラッカー」（ドラッカーとの交流一七回＋αでＩＳＯを学び実践五〇年）〟と題して九〇分講演させていただいたのも私の財産になった。

## ▼「出る杭は打たれる」。しかし突出した杭となれば打たれはしない。

どのような学生も頑張ってそれなりに勉学に励んでいるが、励む仕方によって天と地ほどの差が出るものだ。ただいたずらに学んでいる人物は頂点には立てないものの並の人より一歩勝る。だが一歩勝る人物は複数いることを忘れている。この出世人は少しの油断があると追い抜かれる恐れがある。

このグループに入らず、誰にも負けない人は、ズバ抜けた才智をもって並々ならぬ頑張りと努力を日夜忘れず続けている。こうした人物には一歩勝っている人物もついに諦めざるを得ない。つまり、突出した杭ともなれば誰にも抜かれない。可能性はこうした少しの差がものをいう。トシオ・ヤマオカはこうした健やかなる人だとかねがね思っている。私やゲン・シラヤマの教えを守りさえすれば打たれはしない潜在能力があることを断言する。

### ▼目標をもって生きよ。

目標なき人は、路頭に迷いこんだ子羊のような状態である。誰しも容易にでき、可能にしているのはプランがあるためだ。しかし問題なのは、目標を立てるときの分析が十分ではないがゆえに明確な目標が立てられず、ごく平凡な目標であって、誰でもクリアできる程度の目標達成値に過ぎない。

方針・目的・目標・製品（商品）の設計開発には、まずはスワット分析を応用して、エンド・ユーザーが満足する状況に結びつけることが大切である。

トシオ・ヤマオカはすでに学生時代、中一、高一、大一の各四月に、自分の理念として、「真実・努力・責任」「人は宝・人は財産」「社会への貢献」といった三本柱をしっかりと構築している。これを堂々と名刺（大学時代からの名刺）に書くのは相当自信がある証しである。「有言実行」に関して以前手紙で書いたように、これは真実味があるので期待が大いにもてる。

トシオ・ヤマオカの分析手法の一つであるスワット分析は、インプット（入り口の段階）は実に的を射ている。「組織の強み・弱み・機会・脅威」といった事柄はスワット分析に限る。この手法は私も時々活用するものの、トシオ・ヤマオカのようにほぼすべてのプロセスにこの手法を上手に使いこなせていない。むしろ私が真似をしたいくらいだ。マネジメントそのものをすべて理解している証拠である。社会人となり、経営の機能向上を効果的・効率的に促進するためのコンサルティングとして、是非とも企業への普及運動をともにしようではないか。

▼物事を知るには、足を運べ。歩みとはそういうことだ。

真実を知り、理解し、納得し、自己に使い活かすには自らその場所に出向くことが一番だ。本を読んだり、人に聞いたりしただけでは、応用したとしてもあまり変わり映えがしない。トシオ・ヤマオカが以前私に聞かせてくれた、〝五ゲン（原理・原則・現場・現物・現実）主義〟は理に適っている。

何か求めようとするならば、相手の組織にとって有益なことを無償で提供すること。君の母校、関東学院大学の校訓である「人になれ、奉仕せよ」は、このことを言わんとし、諸君に教示しているものと思う。関東学院大学の実習工場における事業にその事実が伺える。すなわち、世界に先駆け、プラメッキの技術をあえて特許出願されなかったのは、当時参画されていた指導者が、校訓を自分たちのポリシーとしたからで、その実践の事実は外国の知識人の多くが認知している。我が国も見習わなくてはならない。

足を運べ、歩み続け、過去は過去、振り向かないで前に進もう。ともどもに……。

▼溢れ出る存在感。

才気あればこそできることが多い。才気を悪用する人もいるが、それは許されざる行為である。

良いことに使ってこそ、神々はもとより人々も幸福を得るものだ。

才能と知恵を上手に良きことに使うこと。

経営者は自己中心であってはならない。才気溢れる経営者の本来の姿勢は「社会への貢献」、すなわちごく自然な有様で無意識に奉仕をしている人のもの。大人ともなればこのことが大事だ。

ところが学生時代は多少違う（ゴールは一緒だが）。若いうちは才気など隠さず、目立つこと。才能・才覚を存分に出せ。存分に出せば積極性が磨かれる。そのためには並の人間であることに安住してはならない。突出した才知をもって頂点に立つ人物になり切れば誰もが勝手に慕ってくるだろう。慕ってこない人は放っておけばよい。そのうち、彼らも慕い、教えを求めてくることだろう。

言っておくが、学生だって大人だ。自立の精神を十分に育む場所を大学は提供しているにすぎない。

## ▼組織人を大事にする人は、家庭も大事にしている。

快適に職場で働くことのできる人は家庭（家族）を大事にしている。家庭内が不快な状況では、存分に働くことはできない。

「報酬は自分が働いた結果だ」といった大きな勘違いをしている人が多いようだ。己が快適に働けるのは家庭を守ってくれている妻がいるからだ（それは親兄弟、姉妹であってもいっしょだ）。したがって、得た報酬の半分は自分の働き分だと思わず家庭に入れる（渡す）とともに、お世話になった人や組織や不幸な人々のために一部を常に差し上げよ。大学の〝奉仕せよ〟の校訓はそのことを言おうとしているのだ。

※このことは、父母や学長も常々言われていたので、私も実行している。

**▼人体は生きている間、ずっと活動している。それに応えるべく人は活動しないといけない。**

ゲン・シラヤマと交流して大変良かった。彼は強い精神力をもった知的人物であり、体を大事に使っている。彼は「知育・徳育・体育」を守りつつ、学院をいかに良くしようかと院長らとともに研鑽している。

朝、起きた後、三人いっしょに日本のラジオ体操を行い、冷たい水で絞ったタオルで体を摩擦した。帰国後、私は時々ではあるが実行したが実に心地好い。朝か夜かは忘れたが、一日にあったことや、読書後に意見交換している姿はまるで親子のように思った。トシオ・ヤマオカはゲン・シラヤマに感謝していることと思うが、卒業後も夫妻の好意に応えるべく生きていくことを望む。

**▼会議の多い組織ははなはだ成長が遅い。**

組織の維持・継承・成長・成功などのためには、内部におけるコミュニケーションが大切なことはよくわかる。しかし、比較するのは少しばかり寂しいが、心を鬼にして申し上げる。西欧と日本(アジア)を比較すると、会議の中味が本来あるべく主旨に反して、雑談のようになっている。組織内(内部)コミュニケーションはもっと合理的(効果的・効率的)に進めるべきだと思い忠告する。

組織外（外部）とのコミュニケーションとは意味合いが違う。組織外の場合は、社交辞令も伴うので少々時間を要するが、組織内（内部）コミュニケーションは社交辞令があってもなくても良い。要点・主旨を明確にし、確実に進めばよいのだ。時間は待ってはくれない。ムダな時間は無用である。

このことは、他国や日本のある組織（団体）においても私はたびたび強調して述べた。

## ▼アリガトウ、マタアイマショウ、コンニチワ、コウリュウ……

ゲン・シラヤマとトシオ・ヤマオカや他の日本の方々と巡り合って、少しばかり日本語を覚えることがオカゲサマで可能になった。モシモシ、ヤレヤレ、タノモシイ、エンピツ、キョウト、ヨコハマ、トウキョウ、オダワラ、スズメピンヤキ、ミハルダイ、ガイジンボチ、ニホンニイキタイ、フジサン、スシ、ウナギ、テンプラ、ボク、ワタシ、ゼンブ、オオキニ、マイドオオキニ、ユウビン、テガミ、ハガキ、モッタイナイ、ゲイシャ、タイコ、シャミセン、マイコ、ソントク、ニノミヤ、シブサワ（渋沢栄一のこと）、イランカエー、タニマチ、オドリ、カブキ、ジンザイ、トテモスバラシイ、キミノユウ、ジスキカク、シアワセ、ゴケン（五ゲンのこと）などさまざまな言葉を覚え、帰国後、日本人とも親しくなれたことは大きな収穫である。永いコウリュウをしていこう。

我が友であり、我が息子のトシオ・ヤマオカへ……。

※言い訳のようだが、工業高校出の私は、英語（米語）は不得意であったが、交流を積み重ねるたびに、英会

話も徐々に上達していった。読むことはできたとしても話すとなるとなかなか厄介だった。白山学長夫妻に時々学長宅内で英語を話す機会を設けていただき、少しはできるかな？　と思った学生時代が懐かしい。今はまったくダメ!!

## ▼地球も宇宙も泣いている。何とかしなければ……。

第二次世界大戦後、各国は競って復興に取り組み、豊かになりつつある。いや、豊かになった国もある。日本の立ち直りは実に速やかだと思う。戦後の悲惨（悲劇）は私どもだけで止めるべきだ。争いごとをやって何が得られたのか？　何も得ることはない。戦争するための武器・弾薬を製造することも人道に反する行為といえる。

さて、復興で大量のエネルギーを使ったために、人間は大きな罪をこの宇宙に、この地球に撒き散らした。生きているのは人間だけではないことをわかっていない。宇宙・地球の環境を保全する策を設け、各国共通の課題として対応策を早急に講じなければならない。

※ドラッカーの提言により、ＥＭＳ（Environmental Management System）が国際規格１４００１の要求事項として加盟国の賛成でできた。組織においてＱＭＳとともに、ＥＭＳも必要不可欠となり、多くの企業・団体・学校などが採用している（分野においては、ＩＳＯがＩＥＣに対応している。ここではＩＳＯとして表現しておく）。

## ▼ニホンジンオカシイ、ジンザイ（人材）の表現、まるで材料や道具扱いだ。

トシオ・ヤマオカの名刺にあるジンザイ（人財）が本来使用する漢字だと断言する。完成された資機材や自動車などの製品と同じ「材」の表現は、人を単なるツールとして雇用していることで、疑問を抱かざるを得ない。

その中でも、トシオ・ヤマオカには先見の明がある。彼はすでに高校入学時に「人は宝・人は財産」という理念をもって「人財」と表現している。この学生は大学に留めて育て、将来教授として迎えることが望ましい。

※この言葉は、当時、白山学長宛に送られてきたドラッカーの手紙にあり、このことは私が卒業式を迎えるおよそ二か月前に学長から聞かされた。しかし、残念なことに兄が亡くなった身では京都に戻り、山岡家を継がなくてはならない定めであり、それを知っている学長は複雑な思いで私に伝えたのだと思う。

ドラッカーと学長の思いに応えるためにも、何らかの方法で大学はもとよりお世話になった人々のために貢献したいという志は、今でも一瞬たりともブレることなくもち続けている。

## ▼ニホンのジスキカクはトテモスバラシイ。

ニホンはＪＩＳの制定・改正が新たな技術障壁にならないように、また利害得失が偏らないように国内標準化を適切に行い、官報により国民に告示している。アメリカやイギリス・ドイツなどにもこうした標準化はなされてはいるものの、ニホンのＪＩＳと比べると緻密さ、精細さに少々欠けている事項もある。ただし、ＪＩＳが上手に的確に活用されているかどうかは別問題である。

今後の国際標準規格・国際標準化に対してニホンの発言力は大きくなるものと思われる。大いにニホンの代表者は国際舞台で論じることを期待する。ニホン国民が大いに品質管理に対応されることを期待する一人である。

〔日本のＪＩＳ動向〕

ＪＩＳは情報技術、新素材などの新技術、環境保護、消費者保護、生活向上などの新たな分野に積極的に対応するため、新しく制定したり、また最低五年に一度、その内容を見直して、確認、改正、廃止の措置が必要に応じてとられている。ＪＩＳの制定・改正などの場合、その内容が新たな技術障壁にならないように、また利害得失が偏らないように、ＪＩＳ案の作成・検討に国内外の多くの人々が所定の手続きを経て参加することができる体制になっている。

ＪＩＳ案は、生産者・使用者・消費者（すべての利害関係者）や中立的立場の学識経験者などによって構成された委員会で審議・作成されている。

また、特に国際的には、貿易の技術的障害に関する協定（ＷＴＯ／ＴＢＴ協定）第四条一項に基づいて、事前広告する義務があり、ＪＩＳ進捗状況の情報公開がされる。

原案作成、内容公開、主務大臣から原案付議を受けた日本工業標準調査会における専門委員会や部会における審議などの一連の手続きを経たＪＩＳ案については、答申を受けた主務大臣によって制定・改正の告示が「官報」に掲載される。

告示されたＪＩＳは、一般財団法人日本規格協会で出版・発行され、同会本部・支部および全国有名書店で入手することができる。

ちなみに、私は同協会の維持会員で、毎月発行される「標準化と品質管理」により動向が即座にわかる。ＩＳＯ関連の業務を取り扱う者としては、当然のことではあるが。

## ▼学歴や資格は必要だが、これらをいかに活かすかが重要である。

人はそれぞれ、何らかの目的をもって学び、資格を取得する。確かに、学歴や資格は大事な要素ではあるものの、取得しただけでは何ら価値はない。活かしてこそ価値がある。活かし方はそれぞれ人によって異なる。良い方に使い活かすのは当然で常識である。ところが悪魔が人の身体の一部に潜んでいたがために悪用する人がどこの国にも幾人もおり、世間にやたら迷惑をかけている。悲しいことだ。最大の悪は戦争である。たとえ、日本などが仕掛けた第二次世界大戦（太平洋戦争）だとしても、ヒロシマ、ナガサキに核爆弾を投下したのは大罪といっても過言ではない。しかしながら、国民は知識と権力であらゆる強制を改革でき、自由民主主義の国となった。今日の日本は、脅威をチャンスに変えたと良い方に解釈してみてもいいと思う（私の勝手な解釈だが）。日本でキリスト教を始め、宗教・信仰の自由（解放）が認められたのも良かったことの一つであり、その結果、今の関東学院大学が在ることをともに改めて認識しよう。

▼認めることは大事である。いったん任せたならばそっと見守るがよい。

人間社会は平等社会であるといっても、大小問わず一定の組織ならば上下関係があり、そこには組織体系が存在している。組織体系がなくとも暗黙知としての位置付けがなされている事柄である。たとえば、数人規模の商店を考えてみよう。雇い主と雇われる側の上下関係は暗黙知として存在している。一部の仕事、あるいはすべての仕事を任す場合、任せた仕事については一連のプロセスが終了するまでその人を信頼して任せることが大事だ。ところが「認める」ことと「任せる」ことはまったく違うのだと気づいていない場面がよく見受けられる。認めるとは、よく気をつけて見ることで、任せるとは、なすがままにしておくことである。しかし、任せた仕事といっても、場合によっては教育・指導する必要があるのは当然のこと。物事を一人で完成することは、大抵の場合不可能である。多くの人により完成する製品（商品）もある。よく考えるとよい。

▼反論や批評ばかりしていると一向に進化しない。これはムダとしかいいようがない。

欧米の民主主義と日本の民主主義の考え方に相異はあるのだろうかという疑問をもち、日本に行った時、通常国会を傍聴したことがある。その結果、かなりの違いがわかった。その違いとは、①他人が話しているのにもかかわらず実に騒がしい、②ヤジを飛ばす人、空席（欠席）の人、デスクを叩く人、雑談をしている人、居眠りをしている人……など。さらに、③質問している内容は根拠に乏しく、討論すべきこととは違う個人批判が繰り返されていた……など、日本に幼稚な議員がいることに愕然《がくぜん》とした。欧米では考えられないことで、その現実をそのままアメリカの学生に語っていいものか迷った。議会はもっと粛々と運営されることを期待する。

※ドラッカーが手紙で記したことは事実なのか？　信じ難い。便りを受け取ってかれこれ一五年くらいの時は過ぎた。その当時、すでに私の経営する会社も一応順調であった。私はドラッカーの言葉を確認するために、京都出身の国会議員の地元秘書とともに、衆議院の一般事業再審議事項等の日に国会を傍聴した。話半分とは思いながら着席していると、まさしく彼の言うとおりであった。非常に残念な事実であった。日本の恥である。そもそも議員職は国民のために、国民の生活を守るための代表であるべきだが、これでは日本という国は衰退するかもしれない。空席も目立つ。欠席していても報酬を受けとっているようだ。

投票率が下がるのも当然である。一部の議員は真面目に働いているものの大半の議員がこのような有様ではドラッカーだけではなく、誰が傍聴しても愕然とするのは当然である。

議員に対する法令等そのものを議員が決議する制度そのものがおかしい。根本から改善を成すべきである。

## デミングと会えるチャンス

ひとしきり（とはいえ、ほぼ九〇分くらい）ドラッカーの教えを学び終えた頃にタイミング良くドラッカー夫人と大学院生二人が散歩から戻ってきた。宿泊先のホテルオークラに戻り、少し早いが夕食とする。「一緒にどうぞ」という夫人のゼスチャーにより、同席させていただく。

食事中、さりげなく「デミング教授と五日後に東京都内で合流するが、差し支えなければ、トシオ・ヤマオカも一緒に来ないか……」とドラッカーが述べた。デミングはそれほど他国を訪問しないようだが、何かの用件（目的）で来日するようだ。

願ってもないチャンス。仕事の都合をつけて、久しぶりにデミングと会えるのは神のお導きだとも思い、私は二つ返事で了解した。

## デミングとの再会

ドラッカーと私は、東京丸の内近くのホテルにてデミングと再会。相変わらずデミングは多くは語らないが、要点は明確に話す。どうしても私に会いたいとの主旨がようやくそのときわかった。彼は、日本における政府や都道府県・市町村がどのような手法によって統計を取り、分析及び評価をしているのかを自分の目で確かめたいとのこと。

急に言われても……と戸惑いつつ、議員に会うのが手っ取り早いと考え、京都出身の国会議員（衆議院議員）に電話すると、本人の声が受話器を通じて聞こえる。要点を述べると、「明日からは無理だが今日なら大丈夫」とのこと。デミングらは、私の手配の速さと決断に大喜びだった。

国会議員の第一秘書による案内で、外務省のある建物に到着。

かなり広いスペースの会議室に入ると一四〜一五人の方々が我らを歓迎してくれた。自己紹介の後、直ちに用件に入る。議員から主旨がすでに伝えられていたようで、いくつかのドキュメントファイルが置かれ、ところどころに付箋《ふせん》が付いている。その付箋の部分だろうか、コピーした資料が一人ひとりに配布され、細かく説明を受ける。それらは各省庁の資料を集約したような一〇〇頁近くのボリュームがあった。急な訪問のため、整理が十分できなかった様子だが、それでも短時間でこれだけ多岐にわたる資料が準備されたことに感謝する。

統計資料は国立国会図書館でも閲覧は可能だが、全省の最新資料を一度に見ることは通常考えられない。貴重な資料であった。

日本の国会議員や国家公務員もまんざら捨てたものではない。しかし、これもアメリカからわざわざ（かもしれないが……）訪日したデミングとドラッカーのお陰だと思う。もしも私一人や我々日本人だけなら、こうはことが進まなかったのではないだろうか。幸い報道陣にも出会わず、約九〇分ほどの会談を終え、ホテルへ向かおうとするそのとき、外務省の方が私に話しかけてきた。ヒソヒソと話す。

別にヒソヒソと話す必要もないと思うが、彼の性格なのか、あるいは他の人たちに聞かせては都合が悪いのだろう。一眼鏡（ワイドめがね）で禿頭《はげあたま》の高官が言うには、「今夜、皆様をお誘いし、夕食を共にしたいのですが、山岡さんからその旨を二人に説明し、説得していただけませんか」とのこと。別段ヒソヒソと話す必要もなかろうと思うものの、彼の立場もあるだろう。彼に見習って、私もヒソヒソと二人に伝える。ＯＫ！のサイン。彼にその旨を伝えると、ハンカチでテカテカの頭の汗をふき取り、ヤレヤレ……といった表情。「私どもは三人ないし六人ほどになるかもしれないがそれでもよろしいか」と伝えると、内線電話で誰かに相談して了承を得たのか、受話器を手で塞《ふさ》ぎながら、Ｖサインを私に示した。

ということは、彼よりもっと上の人物が外食時に来るのだろうかと想像したところ、夕食時に会ってみると私の予想は当たった。

ホテルに到着すると同時にコーヒーを注文し、三人は改めて外務省でいただいた資料のチェックに入った。何しろデミングもドラッカーも、今後の予定がびっしり入っているため、あまり時間はとれない。彼らは私に恐縮するが、私は二人と比較するとまだまだ若い。体力的に何の支障もないので、二人に従うのみ。むしろ、こちらが恐縮すべきだ。日本の統計手法は一通りわかる。

続いて、マネジメントシステムに関して、もっとより詳細に聞き、確かめたいと思い、持参した私の資料（文書類）一式をベースに時間の許す限り議論し、それぞれの意見を伺った。今夜中にまとめて、明日の朝に妥当性確認をしてもらうために、急遽私の会社の東京事務所の若手社員をホテルに待機させた。大阪本社の秘書課長より連絡済み。

その夜、訪れた料亭の玄関は、完全な和風。だが案内された部屋は和洋折衷。床の間の両側に、日本とアメリカの国旗があり、畳の上に絨毯が敷かれ、その上にテーブルと椅子が設《しつら》えてある。出される料理や飲み物も和洋折衷。この店のこだわりなのだろう。

テーブルを挟み、デミング夫妻、ドラッカー夫妻。両夫妻の間に私のネームプレートがある。一方、正面には左から、文部省高官、文部大臣、外務大臣、外務省高官そして一眼鏡で禿頭の外務省次官らがすでに直立不動の姿勢のままで私どもを待っていた。これには恐れ入る。まるで国賓《こくひん》扱い。私は恐縮して入るもののデミングとドラッカー夫妻はこのような場には結構慣れているようで、堂々とした様子。

四隅には通訳か秘書なのかわからないが四人が同席。なお、学生らは別室で外務省らの方々と食事をしているとのこと。

外務大臣は私も以前から知る仲なので、懇談の際、彼からそれぞれ紹介があり、改めて我々の方の紹介を私から行った。

各大臣や高官らが言うには、デミングとドラッカーが私の知友であることに一瞬驚いたとのこと。それもそのはず、三人の出会いについては何も事前に言っていなかったから当然のことだ（翌日、改めて外務大臣に昨日の御礼とともに、三人の出会った経緯を話した）。「日米交流の一助になれば、これほどうれしいことはない。確かに、マネジメントのシステム化は、官民問わず必要不可欠だと思います……」等々、日本側の五人はそれぞれ述べ、私には「日米友好のために、虹の掛橋役としても、本業もおありでしょうが、どうかよろしく……」と一礼する。笑顔で応ずるものの、いったん別れて私一人で各大臣などに面談申し込みをした場合、体《てい》よく断るだろうと心中思った。国会議員はともかく、国家公務員はそう易々とは受け入れない。後日、面談を断られた経験は山ほどあった。

この事実をドラッカーに後日報告すると、「ヤッパリネ……」との一言。彼は幾度となく日本に来ているので、日本人の表の顔と裏の顔などが、多分わかっていたのであろう。同じ日本人として恥ずかしくやりきれない。送りのタクシーがすでに玄関脇で待っていた。二台のタクシーでホテルに向かう。別室で食事をしていた大学院生が、先方からの手土産だといって受け取った品々をロビーで我々にも配った。紙袋の表に「〇〇様へ」と記載してある。

それほど大きくない紙袋。みんな紙袋から取り出してみる。全員一緒の品物は、「お車代」と書かれた封筒。その中には一人一万円も入っている。帰りのタクシー代金は料亭が支払っているとの運転手の話。何かしら矛盾を感じた。もう一品も同じで「和菓子」。これは夜食か何かのときに食べることができる。

後はバラバラで、デミングとドラッカーと私には「謝礼」と記した祝儀袋。袋の裏側に「金一封、五万円」と記されている。謝礼はむしろ、こちらから相手に支払うのが道理なのだが……。やはり矛盾を感じざるを得ない。さらに、私ども三人には、高級腕時計、デミングとドラッカーの奥様には「真珠のネックレスとイヤリング」。学生三人には「少し安目の腕時計と図書券」、図書券は日本の図書券。紀伊國屋の名が入っている一万円の図書券。日本でしか通用しないことに彼らは気づかなかったのか?

一体、こうしたお金はどこから捻出しているのだろうか疑問だ。また、このような行為が日常茶飯なのか？　国民が汗水流して働いて納めた税金が、ムダとしか言いようがない使われ方をしている実態を知るとともに、彼らの金銭感覚が麻痺しているように思った。

とはいえ、いったん受け取った以上、彼らの好意を無視してはいけない。大人五人が集まり、相談の結果、現金はユニセフに寄付することにし、学生の図書券は私が買い取り、日本で使うことにする。その他の品は快く受け取ることで決着した。

その夜、私と会社の職員は、私の部屋で結構ボリュームがあるマネジメントシステム関連の文書を検証し確認しあった。泣いてもどうしようもない。デミングとドラッカーに考察してもらい、妥当性の確認をしてもらうには、夜明けまでに仕上げることだ。

二人でやればやはり効率的で効果的だ。三時間ほどで完了したので、ビールと日本酒などで乾杯。私の部屋にある冷蔵庫はカラになる。彼の部屋から、アルコール類と彼が持参してきた菓子やアラレも全部平らげた。彼は単身赴任なので、あまりゆっくりはできない。満足させることに私は努めた。例の図書券全部（三万円分）を渡し、換金するなり、自由に使うようにと渡す。うれし涙の出そうな彼の表情だった。

朝食を終えた後、昨夜の文書類をデミングとドラッカーにチェックしてもらう。一つの文書を交互に渡し合い、二人はスピーディーに進めてくれた。私の会社の東京事務所に勤める田口君は、英語はバッグン。この場は彼に任す。任すことによって、彼自身も成長するだろう。そこが私の狙い所である。経営のコンサルティングをしているのだから彼も応えてくれるだろうと考えて、敢えて口を出さない。三人はそのことをよく理解している様子だった。

これにて一件落着。名残惜しいが、デミングとドラッカーの一行とホテルにて別れる。「サラバ友よ!」「またの機会に……」などと言って両氏は去っていった。

# 七章　ドラッカーら来日

――一九七〇（昭和四五）年

## 思想を諭した「二宮尊徳」の生誕地、小田原などをドラッカーらと視察

ドラッカーと日本で初めてお会いしたのが、一九六〇（昭和三五）年、二回目は「渋沢栄一」縁《ゆかり》の地、飛鳥山に案内させていただいたのが一九六三（昭和三八）年、京都で迎えたのが一九六八（昭和四三）年。

したがってこの年はドラッカーと日本で会う四回目となる。夏近い頃、ドラッカーから一通の手紙とともに、イギリスとフランスのワインが六本送られてきた。切手を見るとイギリスからのようだ。何らかの公務でイギリス方面に行った旅先で私に送ってくださったのだろう。

道理でその頃私が送った手紙が彼に届かなかったわけだ（後日、四五日間ばかり他国に訪問されていたことと、そのため私から送った手紙を読むことができなかったと書いた日本語混じりの詫び状をいただいた）。そのときの手紙に「ソントク・ニノミヤ」（二宮尊徳〈金次郎〉）は、生まれ育ったその地を拠点に全国に人として生きるための思想を諭された（と思う）。そのオダワラ（小田原市）を是非とも視察訪問したいので、トシオ・ヤマオカどうかよろしく……とあり、追伸として一枚の文書も同封されていた。

追伸には、我が身勝手なお願いだが、今年八月～九月（六〇日間）にかけて日本に行くプランなので、その内の二～五日間、一緒に行動してほしいとの主旨が書かれており、当然、小田原を拠点とし

た二宮尊徳の生誕地域がメインに、それ以外の訪問先は手紙でやりとりをして決めたいとのメッセージだった。

ドラッカーは多忙なようなので、手紙を出した。

さて、英文の手紙だが、私は読むことはほぼ可能だが書くのはいささか不安がある。しかしながら、他人の手を借りるほどでもない。ドラッカー自身、多少の日本語を混じえて書いたり話したりされるので、私もその真似をして英語と日本語の混合でそれなりの文章にして便りを出していた。今度も同様。一日だけのものと、二日間、三日間、四日間、五日間の5プランを送付した。

二週間後、手元に届いた採用プランは「五日間でオネガイしたい」とのこと。五日間の初日は小田原と近郊、二日目は横浜方面、三日目東京近郊、四日目博多およびその近郊、最終の五日目は京都・大阪方面を希望して「オネガイシマス」と認《したた》めてあった。

## 小田原近郊・掛川・熱海（初日）

来日初日は以前から依頼のあった「二宮尊徳」縁の小田原市内に向かう。七年前も同行された日系三世の方と、新しく女性（大学院生）の三名が国鉄小田原駅改札口にて合流。駅近くにある古風な喫茶店で、私の恩師である加藤仁平（元関東学院大学教授）氏と合流し、紹介する。同元教授には大学において二宮尊徳の思想を受け継ぐ倫理学を教えていただき、私との交流も永きに渡る。尊徳を語るには加藤氏をおいて他に人はいないという存在である。今日、小田原にある報徳博物館の二階に、その功績を称えて、没後に肖像がもう一名の方とともに置かれているほど有名な人物である。加藤氏の人物像をドラッカー始め二名に説明すると、ドラッカーはこれほどまでにトシオ・ヤマオカは配慮してくれたと深く感謝された。私としては至極当然だと考えていたのだが、「こうした気配りに人物の品格と人格が現れ、存在価値にもなっている」とのお言葉をいただいた。

一行（五人）は二宮尊徳の生誕地に行き、二宮尊徳記念館にもテクテクと足を運ぶ。道すがら加藤氏の懇切丁寧な説明を聴き、資料とともに尊徳の人となり、功績、現世の我々に諭す言葉（教訓）を身振り手振りで教えていただいた。その中で、私がうれしかったのは、学生時代の私が、学ぶ姿勢と倫理をより深く探求するためにこの小田原に機会を見つけて足を運んだり、加藤先生の助手的存在（学生でありながら、先生の助手として、また、ときには代講も受け持った）として働いたりしたことを、ドラッカーと他の二名に伝えてくださったのだった。

もう一つうれしかったのは、私の専門とする土木工学を始め、基督教概論ⅢとⅣ、卒業論文を除き、一年、二年のわずか二年間で必要単位数をはるかに超えて取得し、三年、四年は、大学においては基督教概論ⅢおよびⅣの取得のための授業を受けたのみであり、もっと特異なのは、卒業論文のために、東京大学の生産技術研究所に東京の本部まで出向き、東大の学生とともに、材料実験・模型実験で立証して論文を完結し、国内外に発表した、そのことも語ってくださったことだった。この私をドラッカーに工学博士として認めるべき道筋をつけてくれたことはうれしかった。

そのお陰でドラッカーからアメリカの工学系大学に推薦してもらい、工学博士号（建設）を取得することができた。あらゆる人々との絆があってこそだと思う。

昼食後、小田原を一望できる丘へ、タクシーと徒歩で到着。太平洋に向かって開けた街々の様子がわかり、晴天に恵まれて、遥かかなたに富士山も見られた。ゼッケイカナ、アリガタイ……など同行の二人はもとより、ドラッカーも大変満足された。限られた一日なので、待たせてあったタクシーに乗り、掛川に向かった。

二宮尊徳の思想を世の中に広く知ってもらうための活動拠点としては、小田原市内とともに、静岡県掛川市内にある大日本報徳社の存在を忘れてはならない。掛川駅から徒歩一〇分ほどで到着できる。

そこでは、尊徳思想を種として企業経営に活かすとともに、家族や仲間やあるいは地域に住む人々とともに、こつこつと歩むことなど、さまざまな事柄を学び実践することができる。共有・共働して生きる喜び、働く大切さを知り、互いに社会貢献を目指している。

掛川城に寄った後、近くの茶屋に立ち寄り、丹誠こめた和菓子とともに抹茶をいただき、至福満喫。小振りの庭園ではあるものの、石庭、花木などは毎日手入れを欠かさず行っているとのこと。掛川市全体が尊徳思想を重んじている様子は、地元の商店主や駅近くの人々の何人かに尋ねてみても、その反応から感じた。ドラッカーに同行している二人も、そこかしこで興味深く尊徳のことだけではなく、日本を一つでも多く知りたい想いなのだろうか、街行く人などにも質問しメモっていた。知り・学ぶことへの好奇心は彼らとともに私にも大いにある。

掛川城附近から見た三六〇度の景観に「パラダイス！」と、一同感動した。

この日の視察はかなりハードスケジュールだったものの、皆の姿を見ると疲れ果てた様子はまったくない。若い三人はともかく、ドラッカーと加藤仁平先生はともに元気溌剌《はつらつ》。この元気はどこから来るのか。「気の持ちようと好奇心の塊《かたまり》からだ」と両先生は我々若者三人にさらりと言われたことを今でも覚えている。「信じること、信仰すること、理想を多くもつこと、思想を重んじることが人間には大切である」と諭していただいた。海辺に面するホテルに到着し、チェックインするためにロビーに入ると、白山ご夫妻が我々を迎えてくださった。あらかじめ白山先生には手紙と電話で私より連絡しておいたものの、まさか宿泊先に来ていただくとは思わず、私はもとより特にドラッカーは大いに喜んだ。久しぶりの再会。

ドラッカー来日のことをどこから聞いたのかわからないが、我々は二十数名の報道陣に取り囲まれ、訪日の目的や滞在日程および私が今ここにいるのはなぜか、どのような関係なのか……など質問攻め。ドラッカーは写真を撮られるのが嫌いなタイプなので、その旨を私は記者会見前に報道陣に厳守してもらうよう伝えた後、記者会見を一〇分以内に終了してもらうべく段取りを記者連中に確約してもらった。

ドラッカーは「私とその人々との交流と今の日本の進歩を知る」ことが主たる目的だと語った。私から見ると、日本の報道陣は礼節に欠けており、彼らの勝手な都合ばかりを考えているようで、はなはだ以て無礼だと感じる。もっと礼節をもって接する姿勢が重要ではないだろうか……とかねがね思っていた。ＮＨＫの記者を相手にこのことを進言した。

翌朝八時頃のＮＨＫのニュース番組で放送（多分、他の民法ニュースでも放送されていただろう）。ホテルに置かれている数紙の新聞を開くと、一面扱いが二紙、三紙は他のところに掲載されていた。新聞の見出しはさまざま。「ドラッカー日本に来る」「ドラッカーとその仲間、五日間の旅」「若手経営者とドラッカーの交流」……等々。

某社の英字新聞には「ピーター・Ｆ・ドラッカーの教え子（三人）ら、五日間の旅」との見出しがあり、私の経営する会社名、白山源三郎元学長、加藤仁平元教授の姓名までこと細かく書かれており、五日間の日程と目的とともに他の滞在中の日程までが記載されていた（ドラッカーにこの記事を見せて問うてみると、某新聞社のみ夕食後、自分の部屋へ招いてドラッカー自身が話したとのこと。だから詳細な記事扱いだったのだ）。

夕食は個室を貸切りにして七名で和・洋食を注文。ビールでカンパイ。その前にお祈りを〝ゲン・シラヤマにしていただきたい〟とのドラッカーの意向により行った後、カンパイはドラッカー、それぞれ近況を一人一五分以内とするルールにより述べる。新しい事柄を覚えるのは大変なので、互いにメモる。個室に戻った後、七名の近況や話などをまとめる役は、私が仰せつかった。まとめている際中、ドラッカーが部屋に訪ねてこられ、二人で談話。私どもの会社経営に関して述べるとともに、経営管理・品質管理などについてアドバイスを受けた。「成功も失敗も人にある」「人を育てるコツ」「組織一体型策略」「営業戦略」……等、結局小一時間も話してもらう。

その後、七名の発言の総まとめをドラッカーとともに日本の大学でいう一コマ（九〇分）かけて仕上げた。時計を見ると午前一時。ドラッカーの言葉を借りれば「三時間寝ると人間は大丈夫」との理論だったので、朝まで充分時間はある。午前二時にベッドに横たわる。朝六時に目覚め、独自でラジオ体操。スッキリしている。まだまだ若いのだから当然元気。

白山夫妻と加藤先生は朝食後、大学の講義などのため、先に横浜へ帰られた。残った四名はジョギングを兼ねて熱海の海岸に沿って散策。見晴らしの良い丘まで徒歩にて登り、下山もバスを使わずひたすら早足で駅近くに到着。有料ではあるが、附近の温泉に入り体をほぐしホテルまでテクテクと歩く。若い三人は良いのだが、ドラッカーは我々からすれば親子ほどの年齢差にもかかわらず、我慢強いのかどうか同じペースでひたすら歩く。往復の間においてもいろいろと教えてもらい役立つこと多し。

## 神奈川県、横浜市他（二日目）

国鉄東海道線でのんびりと四名は横浜へと向かう。駅から中華街に出て昼食後、外人墓地と横浜三《さん》溪園《けいえん》に行き、その後、久しぶりに関東学院大学金沢八景キャンパスに到着。あらかじめ約束していたので、白山学長夫妻と再度面談。途中から加藤教授も参加し、初日に会った七名により茶会（今はもうないが、学内の茶道教室にて）を催す。

大学内の校舎は、私の在学中に比べて木造建物の校舎がだんだんと減り、鉄筋コンクリート造りの建物がそこかしこに見られるようになった。教会は健在で、中に入り礼拝する。

我々四名は、タクシーで横須賀の米軍基地に入る。アポイントはドラッカーがされたようだ。幹部が使う立派な部屋に案内される。三〜五名の方々が同席し、基地の状況・役割、横須賀市民との交流がうまくいっているのかなど、ドラッカーは次から次へと質問し、資料を見ながら説明を受けた（私からみれば市民との交流部分に関しては、決して良好とは思えないこともあったが、それは口にしなかった）。

関東学院大学からすぐ近くに見える八景島に到着。晴天に恵まれたお陰で、はるか彼方に富士山がはっきりと見える。一筋の雲もなく、肉眼でも十分わかる。八景とは、中国の瀟湘《しょうしょう》八景にちなんだ八勝景の総称だが、日本には画（絵）や写真にしても、近江八景、京都府宮津の天橋立、そして金沢八景など多数ある。

横浜のホテルで、ドラッカーとともに「マネジメントと倫理」に関する特別講義を九〇分間（一コマ）受け持つ。その後、コメンテーター五人と二人によるディスカッション約四〇分。参加者は、東京・神奈川地域のミッションスクール七大学の教職員および大学生・大学院生らが主。総勢約一五〇名ほどだったと思う。そのほぼ八割は経営者を含む、経済関係であった。ピンマイクやスライドはなく手持ちマイク（スタンドマイク）と黒板にチョークをツールとして講話。前日、熱海のホテルにて白山、加藤教授より概ね主旨は聞いてはいたものの、ドラッカーも私もぶっつけ本番。私ども二人の交流を含め、プロフィールが紹介された後、ドラッカーが「トシオ・ヤマオカ……トークショーヲシマセンカ」との申し出だったので、移動中にメモっていた箇条書により、たっぷり九〇分語り合った。

特別講演の後、簡単なティーパーティーのおもてなしがあり、同行した二名の学生も交え、持参してきた名刺（一ケース一〇〇枚入り、三箱）のほぼ一箱を使い果たした。「おそらく、関東のミッション系スクールの教職員一同がこのように多数参加されたのは、過去を振り返っても最初で最後かもしれない。言葉として表現のしようがないほどの感動である。君がこれほどまでに母校を愛し、経営者としても立派に生きている姿には、感極まる……」との謝辞を白山・加藤教授よりいただいた。

午後三時過ぎとなったので、ドラッカーの希望もあり、急いで逗子（海水浴場および避寒地・別荘地として発展、鎌倉と葉山の間に位置する）にタクシーで移動。

葉山には天皇御用邸があり、我が母校の葉山セミナーハウスもある。この二か所に立ち寄る。神奈川県三浦半島の北西にあり海岸保養地として有名で、夏季、海水浴場としてもにぎわう地域である。

鎌倉に到着したのは五時三〇分過ぎ。鎌倉は神奈川県南東部にあり、横浜市の南に隣接している。鶴岡八幡宮・建長寺・円覚寺・長谷の大仏・長谷観音といった社寺および鎌倉幕府跡・源頼朝屋敷址など史跡が豊富で、風致に秀れた地区である。すべてを視察するのは時間的に無理なため、長谷の大仏と鶴岡八幡宮・建長寺に立ち寄り、駅近くの喫茶店にてしばらく休憩。ドラッカーと私は、コーヒーとドーナツ二個ずつ。若者二人はコーヒーとケーキを飲食。クラシックミュージックを聴きリラックス。宿泊先の品川へ向かう。この日はかなりハードだった。

## 東京近郊（三日目）

品川駅近くの高級ホテルを後にし、一九五八（昭和三三）年に完成した高さ三三三メートルの東京タワーに向かう。朝食は洋食で軽く済ませ、タワー入場時間まで約一時間あるため、芝公園近くの喫茶店で休憩。

それぞれ近況を語る。ドラッカーは我々三人の近況を聞き、メモをしきりに取る。まるで新聞記者のようだ。ノートに記入されるとなると、人間は不思議なもので真実をしっかりと話すことになるのが心理なようだ。

私は白山元学長には、前回や今回お会いしたときに近況を伝えてはいるものの、訪日した若者（といっても、ほぼ私と同年齢）には話してはいなかった。総合建設コンサルタント会社（当時、社員三十数名）代表取締役社長及び山岡経営研究所所長（三名）として活動していること。前者は、官公庁発注の土木・建築関連の業務を行っており、後者は主として、民間企業七社と顧問契約を結び、年間一二回訪問しＴＱＣ（総合的品質管理）をドラッカーの教えなどをベースに独自手法を加えて指導している。相手は私より年上の人ばかりだが、何ら躊躇《ちゅうちょ》することなく対応できるのは、ドラッカーとの交流を語ることで尊敬されることが大きな力になっている。

初来日の女性は目下、経営管理を学び、将来は大学教授になる夢をもち、ドクターコースの最終年に入っているとのことだった。

日系三世の男性は二年前からハーバード大学（米国）で経営学と経済学教授となり教えてはいるものの、諸外国の情況を広く知ることにより、学生に伝える内容を深く掘り下げたいとのこと。

都内を一望するなら総合電波塔（放送・通信用アンテナ）の展望台が一番のスポットであった。今は、東京スカイツリーを始め、超高層ビルが林立する東京都内であるが、当時最も高いのは展望台付きの東京タワーだった。設置されている望遠鏡を使えば、遥か彼方に富士山も見られる。エレベーターも使うが、ドラッカーを除く我々三名はまだまだ若い。足腰を鍛えるうえにも良い運動になると思い、ややスローペースであるがドラッカーも一緒に上りも下りもひたすら階段を歩いた。ドラッカーの荷物は我々が持つ。「スイマセン、アリガトウ……」とドラッカーは言う。気配りは大事。また人に礼を尽くすのも人間として常識。

展望台の上からは町工場の多い深川、魚市場のある築地、浅草寺《せんそうじ》界隈、皇室所有の庭園である新宿御苑界隈、渋沢栄一記念財団のある飛鳥山などがどの位置にあるかを教え、英文・和文のガイドブックを見せながらそれぞれのヒストリーを概略説明した。輝く眼を見れば、貪欲に知ろうとする姿勢はガイドする側にも伝わるものだ。好奇心の旺盛さは四人に共通した。あらかじめそれぞれに手渡ししてあるガイドブックや地図等にマーキングをする。あるいは、ノートにメモる。「人は、それぞれ自分のやり方で学び覚えていつの日か活かせばよいのだ」また「己れの実力を活かすには自分で考えたモチベーションを言葉や文字にして訴えること」と、ドラッカーは我々に諭してくれた。

ドラッカーは魚市場のある築地と日本の大手企業を支える中小零細工場（主として深川）を視察。他は以前視察訪問をしており、単独で国際基督教大学および上智大学二校を午後訪問するアポインメントを白山元学長としているとのことで、若者三名で夕方まで行動をともにすることになった。

モノづくりの工場群は主として訪問先の深川と大阪の東大阪市などにある。中小企業といえども、日本はもとより世界各国と取り引きしたり、外国に製造拠点をもち現地で営業から販売まで行っている企業もあった。また、大手では到底対応できない分野にも進出し、企業の活力を発揮している企業さえ存在した。

中小企業は、いわば小回りが利き、第一、経営者自身が営業・製品づくり・販売まで担当し、他の部下も二つや三つの業務を手抜きなくやりこなす力量を兼ね備えている。すべてがそうだとはいえないが、社員とともに知恵を出し合い創意工夫をして日常業務に携わっている。夫婦二人や一人でコツコツと業務を行っている企業さえある。「組織とは、一人であっても組織といえる。その組織でできない業務はアウトソースをすればよいのだ……」といわれたドラッカーの言葉を二人に伝える。

生鮮食料品等を円滑に流通させるため、中央卸売市場法に基づき、各都市およびその隣接地に開設しているのが中央卸売市場。築地もその一つであり、京都市内にもある。

生鮮食品を一時も早く消費者に提供するのが、この市場の役目である。

「自分の欲得ばかり求めるのは凡人。他人に得をまず与えることが、ビジネスの原点であり、知者らはそのことをよく認識し実行している」と諭されたドラッカーの言葉を二人に伝える。

その後、浅草へ向かう。浅草寺というだけではあまり知らない人がいる。「浅草の雷門」と言うと、ああ、そうだったのかと気づく人もいるような話をいつか誰かに聞いたことを思い出し、市場からタクシーで雷門近くまで行く。私は何度も行ってはいるが、二名は初めて。

雷門近くの食堂に入り、それぞれ好きなものを注文。この時代では、まだまだ外国人が来るのは至ってめずらしかった。日本人が我々の方をチラチラと見る。二人の内、女性は「何でじろじろ見るの?」とかなり憤慨。彼女の腹立ちを抑えるためにタクシーを呼んで、最も近い場所のホテル（主として外国人が好んで使用）にてティータイムとする。

タクシーで移動中、日本人として誠に恥ずかしいことがあった。浅草寺からホテルまではわずかワンメーターくらいで到着するはずだが、やたら迷路のような道を通り、いわゆる遠回りをする運転手に腹が立つ。荷物が多いので乗車したものの、私自身はこの周辺の地図はおおむね把握しているので、運行方法に関して多少文句をつけてワンメーター分の料金を支払う。ドライバーはむっつりしていたが、無駄な金は使わないのが私の主義。彼ら二人は降車後、ハイタッチして大喜び。「活きた金を使うのがビジネスマンとしての心得だ」とドラッカーから諭されたことを二名に説明すると、笑顔でガッテン承知した。

時は待ってはくれない。目的地の閉館まであと一時間余りしかないので、またまたタクシーで飛鳥山へ向かう。あらかじめ主旨を伝えておいたので、渋沢栄一記念財団に到着すると学芸員の方が会館入り口で待っておられ、早速各施設を案内していただいた。

渋沢栄一は「青淵《せいえん》」という号を得た後、人にさまざまなビジネスにまつわる倫理を諭している。外国の要人もこの地には何度となく来ている。ときには会合もした由緒ある会議室が今も管理されている。渋沢栄一は実業家として名だたる人物で、諸外国の人々もその実践力を認知している。銀行を始め、あらゆる組織の創始者であり、助言者でもある。著書も多数あり、中でも『論語と算盤《そろばん》』は最も有名。私も永年、個人会員として同財団に参画。知れば知るほど奥深い諭しは、「ドラッカーのマネジメント」と「二宮尊徳の倫理」とともに、生きる上において我がためになると身をもって体験している今日である。

その後、天皇が平常居住する皇居前に到着。東京遷都後、江戸城を皇居と定め、東京城と称し、一八八八（明治二一）年、旧西の丸が宮殿となる。

東京に移るまでは、京都御所に皇居があって京都皇宮として使用されていた。京都皇宮には東西南北に建春・宜秋・建礼・朔平の四門があり、紫宸殿・清涼殿など古式の施設・建造物が今も現存している。

皇居前を後にし、霞が関の各省庁の前では、それぞれどのような役割を担当しているのかなど、省庁で働く国家公務員・地方公務員、また各省庁の出先機関はどのような仕事をしているのかを、あらかじめ準備していた資料を渡し説明。

京都選出の衆議院議員に、地元秘書を通じて前もって面会する旨を伝えてあったので、スムーズに議員会館に入ることができた。

少々時間があるので食堂に行き、ティータイムとする。再度入り口に戻るとドラッカーらが到着。我々四名は議員室に入り、まずは三名を議員に紹介。紹介をうけた議員は、ドラッカーに会えたことを大変喜び、後日京都事務所でこのチャンスを与えた私に大変感謝してくださった。

議員と秘書および我々四名の対談はおおむね三〇分ほどをかけて議員の部屋で行う。議員から「参議院議員（京都選出）と建設省・文部省の高官らとともに夕食をともにしたい」との申し出があったものの、明日の予定がハードなため、丁重に辞退。何がしかの手土産とタクシーチケットをいただき、羽田空港近くのホテルに向かう。

ホテルでの夕食事に、ドラッカーから「初心を忘れてはならない」「多様な人と交流するとその後の人生に幅が広がる」「普遍の力は自分で養え」「和と協力、和と〝共育〟は人の成長につながり、TQMに役立つものだ」「常に研鑽を積むことを忘れてはならない」……等々諭していただく。充実した一日であった。

## 博多およびその近郊（四日目）

福岡市東北部の地名を博多という。博多湾に面し、港町・商業都市として発展。西隣の城下町福岡とともに、今や福岡市の中心部である。古くは屯倉《みやけ》が置かれ、朝鮮半島との交通の要衝として開けた町である。九州一の商業都市といっても過言ではない。

博多織・博多帯・博多絞りも盛んで、繊維業界における西の横綱ともいえる。

祭りごとも盛んで、〝博多どんたく〟など港祭りの行事も見所で、正調と「どっこうしょ」という古い博多節も見逃せない。

粘土製の精巧な彩色の博多人形は土産物としても人気がある。

食べ物では、明太子《めんたいこ》（スケソウダラの卵巣）は、外国人にはどうかわからないが、日本人は好物の一品に入る。また、揚げたてのコロッケも実においしい。

この日は行きたい所が多く、あらかじめ観光案内所で紹介をもらった観光案内もできるタクシー会社を利用する。運転手は中高年の年嵩の人。今でいうイケメンで、言葉遣いもハキハキしている。しかも英語もできるので、ドラッカーらもおおいに満足。

博多市周辺は前夜にほぼ行ったので、少し離れてはいるが、築後川下流にある久留米に到着。市中心部は周囲を山々に囲まれている。とあるゴム製品工場を見学。幸い社長がおられ、突然の訪問ではあるものの視察訪問の主旨を述べると快く対応していただいた。精密な製品を手際良く仕上げている。社長の案内で、親戚が学んでいる久留米絣《がすり》製造販売の店に次いで土木建築の設計・施工業を事業としている社長の従兄弟の会社にも連れて行っていただく。市内のホテルに到着しコーヒータイム。

人との縁というものは不思議なもので、後に私がQMS／EMSの主任審査員として、前記の建設業者の審査に携わることとなり、昔に出会ったことを話してみると、当時の社長は相談役となりその長男が社長に就任しており、〝父から当時のことはよく聞かされていた〟ということを知る。ドラッカー一行が久留米を訪問したことは土地の誇りであり、知る人ぞ知るとのこと。

途中、ところどころでしばらく休憩をとりながらガイドブックを見たりタクシー運転手の説明を聞く。笑顔はいつもどおりのドラッカー、気づきや視察先で得た事柄など、それぞれノートや手帳に記入する。このとき、ドラッカーは次のように語った。

「忘れないために人は記録する必要がある。今、わかってはいるが、数日、数年もすると覚えていることは数パーセントに過ぎない。仮に覚えていたとしても、その内容は曖昧なもので正確さに欠ける。そのために記録は必要不可欠だ」

博多湾付近の食堂で、獲れたての烏賊《いか》を始め魚介類を食べる。烏賊はまるで素麺《そうめん》のようにスルスルと口に入る。アメリカは肉食だが、日本人は魚食が中心。なぜ国によって違うのか？　四人はその場で論議。

日本なら明太子や納豆などは、好き嫌いの多い人は別としてほとんどの人々はごく普通に食べる。「博多といえば明太子、明太子といえば博多」といわれるほど、実に美味な食べものであるが、私を除く三名は少々食べて、口から吐き出す。辛味《からみ》明太をやめて、唐辛子（辛味）類抜きの明太子をヒヤヒヤしながら、ドラッカーがまず一口つまんでみて、ナイス！　と叫んだ。他の二名にドラッカーは食べるように言うと、二名とも恐る恐る食べる。ともにグッド！　と叫ぶ。明太子の老舗の店員になるべく日持ちの良い辛くない明太子を選んでもらい一箱買う。

「何ごとも体験すること。どのようなモノにも人の魂が入っている。この人の魂を心より感謝して使ったり食べたりすることが大切だろう」とドラッカーは移動中に諭す。

## 大阪・京都（最終日五日目）

前夜、伊丹空港に無事到着。空港から出ているバスとタクシーで大阪天王寺近くのホテルに帰宿。昨日のまとめと今日の予定確認などのため、朝六時にドラッカーの部屋に集まり話し合い、文書としてまとめる。この日の書記は女性メンバーにしてもらい我々三名が確認する。結構ハードな日程だ。国鉄の駅はイギリスのホームそっくり（この事実は、後年、土木学会の視察団員としてイギリス・フランス・西ドイツに訪問した際に確認）。

通天閣は、一九一二（明治四五）年にエッフェル塔を真似て建造された構造施設で、当時大阪を一望できる場所はこの通天閣のみだった。一九五六（昭和三一）年に一〇三メートルの高さの塔に再建された。タワー最上階から周辺を案内。瀬戸内海や、神戸の遥か遠くには四国の一部も眺望可能。彼らの故郷や私の住む京都などの方角を指しながら、それぞれの町名の由来を話す。今回行けなかった四国・中国方面のことも含め近畿地方（二府四県）に関するヒストリーとそれぞれの府県・市町村および町名の由来について資料はないものの、一時間ほどかけて話し終わる。ドラッカーに同行した二名はゼスチャーたっぷりに「随分と知識豊富だね」とびっくり。ドラッカー曰く「トシオ・ヤマオカは幼いときから好奇心旺盛なのだ。君たちも大いに学び知ることを学ぶがよい」と少々オーバーに誉めていただいたが、ある程度の共感を得たことと素直に受ける。

グリコの看板でおなじみの心斎橋を中心に、戎橋《えびすばし》まで散策。商売繁盛の次に向かったのは大阪府庁、大阪城付近。天神橋筋商店街なども散策。いずれの町の商店街も繁盛している。その後、大阪造幣局を視察。日本の一〇円玉（コイン）には宇治の平等院が描かれていることを、コインを手にして説明（私が外国に行く時の手土産は一〇円玉が主で、訪問国によっては加えて梅干しもある。梅干しは、訪問国によっては鍵のかかったガラスケースに入れてあり、結構高額商品扱いである）。

電車での移動がいささか面倒なので、タクシーをチャーターして松下電気産業株式会社本社を訪問。松下幸之助を始め、数名の役職員の方々が丁重に我々を迎えてくださり、工場見学は時間的に無理なため、迎賓館らしき部屋にて談話。松下幸之助は、「創意工夫とともに失敗と成功は紙一重」と自分の足りないところを認め、ともに働く役職員との共同作業があってこそ精魂込めたモノづくりが可能となりお客様に喜んでいただけるのが何よりも嬉しい……などと語ってくださり、我々は納得。

若い私が松下幸之助や重役陣と親しく交流できたのは、関西経営者五団体の一員であったある日、松下幸之助と初代アシックスの鬼塚社長らとともに、文部省（現、文科省）へ〝人材ではなく人財とせよ〟との交渉に行ったことがきっかけである。私の当時の名刺に私の三つの理念として〝人は宝、人は財産〟と記載してあり、説明の際、人材扱いは決して好ましくない、人財と表現すべきだという理由を多少くどいようだが論議したことを今も鮮明に覚えている。ドラッカーも、「トシオ・ヤマオカの訴えている〝人財〟という表現は真に素晴らしい、私も再認識し世界に広く伝えるべきだ」と語っていた。

その後、石清水八幡に向かう。ケーブルカーに乗って頂上にある八幡宮に到着。大阪府と奈良県との境にある生駒山地（標高六四二m）、一〇円コインに描かれている平等院（京都府宇治市）、宇治川、淀川、遠く高槻（大阪府）、長岡京市、向日市、京都市内、比叡山（京都府・滋賀県の境にそびえる山）、さらにこのあと向かう伏見稲荷大社（全国稲荷神社の総本社）が見える。

ドラッカーに同行して来た女性は興味津々。カメラのシャッターをきる。頂上から見える眺望三六〇度を撮影。同行のもう一人の男性はラフスケッチに専念。ドラッカーは私の説明した方角を、私が手渡した双眼鏡で遠景を見ていた。

下山して八幡駅前にある軽食喫茶兼土産物売店に入り、それぞれの好みを聞き、ティータイムとなる。この一時の休憩時にドラッカーは以下の事柄を私どもに諭してくれた。

▼言ったことは必ず守れ、そうすることにより幸がある。
▼何事についても諦めては今まで歩んできたことが無になる。
▼目標をもって生きよ。目標なき人は路地に迷い込んだ子羊のようなものである。
▼物事を知るには、足を運べ（歩みとはそういうことだ）。
▼溢れ出る存在感。

久御山・宇治・伏見方面に向かう。八幡と宇治に囲まれた久御山町は、京都唯一の工業地帯といっても過言ではない。企業からの納税が多額なため、国からの交付金はゼロ。地元の人に聞くと、個人の税も他所と比べて安いようである。

宇治市役所と平等院に行き、宇治橋を渡り三室戸寺、万福寺と観光にタクシーで立ち寄る。その後、途中、京都教育大学、聖母女学院などを説明する。

ドラッカーが手紙で〝「スズメのピンヤキ」を食べたい〟と書いていたので、行きつけの店に入り、御希望のスズメのピンヤキ（焼き鳥）と稲荷寿司などを注文。相当うれしかったのだろう。焼き鳥を何串か入れたパックを三つ受け取り、大事そうに持っていた。近くの喫茶店に立ち寄る。このときもドラッカーはさまざまなことを身振り手振りで諭してくれた。

小休止の後、古来より紅葉の名所である東福寺に立ち寄る。古美術品などを特別に見せてもらい、皆、満足。鴨川沿いをタクシーで眺め、哲学の道に少し寄り、散歩後、京都大学に到着。ドラッカーが以前から親しくしている教授（経営学を専門に教えているとのこと）に我々も一緒にお会いした。ビジネスをスムーズに行うためには、マネジメントをシステム化しなくてはならないという二人の論議を聞いて我々三人は大いに学ぶことができた。教授の会議室で論議は限りなく続いた。会議室のテーブルには、京大教授の助手が用意した和菓子、宇治茶（玉露）、さらにはドラッカーが大好きなドーナツなどが取り皿に分けて置かれていた。心憎いばかりの気配りがされた部屋では、一時、陽気に語ることができた。

ドラッカーが京都大学を訪問する旨が、関東学院大学の白山元学長より前もって伝えられたとのことを帰る間際に知った。このことは、京都大学前の喫茶店で私の横に座られた教授からの一言でわかった。教授があらかじめ予約されたのだろう、窓ガラスから庭園が見える一番奥の場所に着席し、コーヒーをいただく。一九三〇年創業の〝進々堂、京都大北門前の音楽を流さない店〟は、すべての人の心を和《なご》ませる。同店は私もことあるごとに使っている。教授や学生、そして紳士・淑女の憩いの場であり、そこそこの人との交流場所として最も相応しいからだ。何時間いようともうるさく言われない。とくに、教授や学問に専念する人々にとっては確実に効果を出せる店として、多くの人が利用していることに納得する。

ホテルにいったん戻り、歩いて一〇分もかからない鴨川沿いの木屋町通り茶屋に向かうと、玄関には、京都大学教授と、ドラッカーを初めて京都を案内した際、通訳としてお世話になった高校時代の二年先輩（女性）とが我々を待ってくれていた。この二人はともに京大卒だが面識がない。私は〝一軒まるごと今夜は貸切り〟としてあらかじめ予約していたので、他の客の利用はこの日はゼロ。〝総勢六名で貸切り〟とは少々贅沢なようだが、後々考えると決して無駄遣いとは思わない。出会いは何も不思議なことではない。何かの縁があればこそ、今回のように六名が知友となることができ、将来も何らかの絆が生じるものと信ずるのが私の理屈である。

芸妓、舞妓とさらに三味線方の三名は茶屋の御上さんの案内で、茶屋にほどなく来た。三つ指をついて丁寧に礼をする。彼女たちは置屋から茶屋に来る。料金は置屋から出発して置屋に帰るまでの二時間がセット時間である。追加時間が生じる予定（予想）の場合は茶屋に到着してから一時間以内に申し出ないと延長はできない制度である。

この夜はどのような展開になるか、その場の雰囲気（状況）により予想がつかないため、予約の段階で、〃四時間拘束〃ということをお茶屋を通して連絡済みなので、最終日の宴としては充分である。なお、茶屋と置屋に支払うお金はすべて後払い制度で、次に来る時または一か月後に現金でお茶屋に支払うのが当時のしきたりであった。また、〃一見《いちげん》さんお断り〃も一種独特の制度である。したがって、初めての方は誰か利用している人を通して予約をしなければならない。これらの制度を五名の人に説明した。

三味線の音と歌に合わせて優美に舞が披露される。聞いたところ、ドラッカーと私を除く三名はこのような席は初めてとのこと。芸妓・舞妓・三味線方等は会話も上手。国内外の政治・地理・歴史等々よく知っている。客に合わせた話題をごく自然に醸《かも》し出すのも彼女ら三名の特技である（いやむしろ彼女らにとっては常識なのだ）。

京料理は別の料理屋からお茶屋に運ばれてくる。しかも一度に何品も運ばず、できたての品を程良い時間を見計《みはか》らって御膳立《おぜんだ》てするのもしきたりである。経営者となった私が時々こうした所を利用するのは、ビジネスに役立つからだ。ご招待した方々も大いに満足。ときには商談がその場で決まることもあり、後日、依頼が舞い込むこともあるので大変良い社交場といえる。

このときお招きした教授は京都大学退任後、〝山岡経営研究所〟の最高顧問として約一〇年在籍していただいた。初めてお会いして以来、交流していたお陰かと思う。今の〝にほんそうけんコンサルタント〟の立役者の一人でもある。

この日、京都大学の教授と出会ったことがきっかけになり、通訳業の先輩は関西の私立大学二校の非常勤講師に推挙され、勤めるようになった。また、ドラッカーがその教え子たち九名ほどを紹介してくださったお陰で、通訳業が一挙に増え、うれしい悲鳴をあげていることを、後日、彼女からの便りで知った。また、私の経営する会社の手伝いも少しばかりだがしていただいた。

ビジネスチャンスを得るには人との交流がいかに重要であるかを実感する。〝出会いを大切に〟は今も実行している。

お茶屋を出て、ホテルまで一行は漫《そぞ》ろ歩き。豪勢な貴賓《きひん》室に入る。芸妓らは茶屋においてはしきたりで何も食べないので、貴賓室に彼女たちの好みの料理と、我々にはそれぞれ好きな飲み物とケーキ類とフルーツなどを注文。談話に花が咲く。女性五名、男性四名の組み合わせも結構良いことで、その場を盛り上げるにも効果があったと思う。

## サラバ、ドラッカー、マタオアイシヨウ（六日目）

その日の晩は、久し振りに宇治の自宅へ帰る。着いたのは午後一一時過ぎ。五時に起床し、三名への手紙と、小振りで荷物にならない手土産を持参してドラッカーらのホテルに到着。一緒に朝食。

前日の事柄をレポートにまとめるために四名は論議。ドラッカーがコーディネーター。論議の書記係は日系三世の男性が担当。残る二名が検証後、妥当性確認は当然ドラッカー。仕切った内容をホテルのタイプライターをお借りして女性メンバーが打ち込み仕上げる。米語と日本語の二種類が項目ごとに記載されている。気配り満点。彼女の気配りのもう一つは、一枚ごとにメモがしやすいように、本文の後に余白の部分に点線が入れてある。これも便利この上ない。

多少の時間があるので駅前の喫茶店で休憩。五日間はかなりハードだった。しかし盛り沢山のことを知ることができた充実した日々であった。また、多数の方の御協力や気配りであらゆる業種・業態・各地の特色など数え切れないほどの視察旅行であったことに一同歓喜。

ドラッカーは東京方面へ、同行して来日した二名は帰国のため、羽田空港へと向かう。私もほぼ一週間会社に出勤しておらず事業運営が心配なので、大阪市にある本社に向かう。

再度、いつかどこかで再会することを約束して京都駅で別れる。

京都大学、茶屋の宴、ホテルでの対話などでともに学んだことを以下に記述する。

▼褒めることは良いことだ。褒められて怒る人なんてこの世にいないだろう。認めることは大事である。いったん任せたならばそっと見守るがよい。

▼反論や批評ばかりしていると一向に進化しない。これはムダとしかいいようがない。日本の歴史や文化そして人々も実直で素晴らしく、企業は躍進する下地がある。人事・労務・安全・衛生・リスク・顧客・精度・工程・目標などの管理を怠るな。相手の感情を思えば誠実に応えよ。

▼咄嗟《とっさ》に機転が利く人こそ一流の人物といえる。凡人はそれができない。

▼チャンスは自分で見つけてつかむことが一番だ。千載一遇のチャンスを逃してはならない。

▼人生でいちばん永く過ごす人とは夫であり妻である。夫婦円満は働く原動力である。

▼頭は使えば使うほど錆びず、むしろ光沢が益々多くなる。

▼「格物致知《かくぶつちち》」、これは学問や修養の手法であり、誠を語る。致知に生きよう。

▼自ら根気よく働いている上司には部下も従い、良人や天才も生まれ、企業は発展する。

▼常に意欲的に生きよう。初心忘れることなく常に前進。

▼あるプロセスへのインプットで、一つでも大切なことを考慮し、忘れると良いアウトプットは出てこない。

▼精度管理が充分でない、tool-holderでは良品質は使われない。

# 八章　シカゴ、サンフランシスコ、ワシントン

——一九七八〜七九（昭和五三〜五四）年

## シカゴ訪問

アメリカ合衆国の中部、イリノイ州北東部にある都市シカゴ。ミシガン湖の南西岸にある。世界最大の穀物と家畜の市場があり、当時の人口は約二八〇万人である。

人口数と産業を考えると、上水道・下水道の施設も充実しておかなければならない。当然、道路・交通網なども完備し、生活する人々の安全・安心も確実にしておく必要がある。

なぜシカゴへ？と思われるだろうが、建設関連の技術者の立場として、またマネジメントのシステムについて、特に公共事業施設の充実ぶりを、日本や他国と比較しながらありのままに〝この目で確かめたい〟と思った。ある日、設計している際に、どうしても確かめたい、良い部分があれば活かしたい……と思い、思い立ったが吉日。ドラッカーを通じて知り合った、日系何世か忘れたが、私とほぼ同年代の人物に連絡すると、二つ返事でＯＫをいただいた。ドラッカーに彼がその旨を伝えたようで、シカゴの空港で合流。

シカゴのみを視察して、アメリカの都市基盤整備を評価するつもりはさらさらない。しかし、アメリカの一部を観察するには良い旅立ちである。

ドラッカー夫妻と学生らしき女性二人、そしてかの日系人の五人が私を迎えに来てくれていた。とりあえず空港からタクシーで予約してあるホテルに直行し、荷物を部屋に置きロビーに行く。五人はソファーに座り、ソフトクリームをほうばる。アメリカのソフトクリーム一個のサイズは日本で売っているものと比べると二倍くらい大きい。少しばかり空腹だったか、ドラッカーに合わせてだったか、ドーナツ一〇個を女学生の二人が持ってくる。これとて少し大きい。体型からして日本人より大きいので致し方ないだろう。ソファーから立ち上がったとき、私は彼らから見ればチビッ子に思われたに違いない。

ドラッカーの奥様と女学生三人はショッピングか何か知らないが、別行動。残る三人で、カメラやノートを手に持って歩いたり、バスに乗ったり、ときにはタクシーを利用して一日中（正味五時間ほどだった）観察してみる。

私のたっての希望にドラッカーは応えてくれ、シカゴの下水道施設の視察に同行してくれた。日系人青年にあらかじめその旨連絡をしてあったので、先方（視察先）も快く案内してくれた。そのときの考察は、日本に帰ってから文章としてまとめ、当時の会社主催の研修会において発表した。

翌日は、下水道管理システムの視察に行く。前の日のうちに、マサチューセッツ工学大学の助手（大学院博士課程修了）とフレアモント大学、ハーバード大学の大学院生二人、いずれも土木工学専攻の三人が、私どもが宿泊しているホテルに到着していた。我々は彼ら三人と合流し、シカゴにおける下水道管理システムについて、限られた時間ではあるが三施設を視察する。

私を含めて土木技術系の四人と、ドラッカーおよび日系人の経営学専攻の六人で視察に向かう。女性三人は別行動で一日をエンジョイしたいとのこと。

朝九時に特別バスにてホテルを出発。本日は初めての公式訪問なので、背広にYシャツ、ネクタイというスタイルである。気温は二五℃近くあるだろう、天気はあいにくの曇り空でありシカゴ特有とか。

バスはまもなくハイウェイに入る。かなりの車の量だ。最近のシカゴは周辺の人口増、いわゆるドーナツ化現象が起こり、かなり発達している高速道路網があるが、朝夕のラッシュはやはり日本のそれと同様、麻痺状態にある。

堀込式道路部に差しかかったところで、ハイウェイを横断する橋上レストランが目についた。ジョンソンという会社が道路を占有して経営する民営レストランと聞くが、日本ではあまり見られないことだ。広大な土地をもつアメリカでわざわざハイウェイの上にとは、何か他のメリットがあるのだろうか。ハイウェイの両側にところどころ建て売りらしい家が見えるが、この辺の家で一戸約八万ドル（二〇〇〇万円）くらいだといわれる。バスはしばらく郊外を走り人家もなくなったところで処理場に到着した。

訪れたウエスト・サウスウエスト処理場で、係員の方が出迎えてくれる、この方の親類の女性が日本人と結婚しているとかで、我々日本人を大変歓迎してくれた。

昨年の処理結果のコピーを配布してもらい、早速視察に入る。シカゴ下水道公社の主たる処理場は三つあるが、この処理場は中でもいちばん大きくその規模は世界一を誇る。見学はまずポンプ&ブロアー室である。建物は煉瓦造りで、歴史の古さを感じさせる。中に入ると白い色のモーターとオレンジ色のモーターが目につくが、これは白色が電気でオレンジ色がスチームということで、古いものはドイツ製が多く、新しいものでは日本の日立のモーターも使用している。今後施設の拡張・改善に伴って電気に切り換えていくのだろう。

場内は騒音がひどく説明がよく聞き取れない。また、達者な通訳でも、専門用語とか単位の訳は不正確である。

次に沈澱池、エアレーションタンク、最終沈澱池と見て回ったが、その大きさにはびっくりした。この処理場の特徴として一次処理でなるべく汚物を取り除き、また、好気性バクテリアを大事に扱っているので処理結果が大変良いのだと説明してくれた。ただし、シカゴには昔つくった合流式地域があり、大雨のときは三倍ぐらいに量が増し、処理が仕切れずそのまま川に流すことがあるという。これが午後の見学予定になっている所のディープトンネルの必要性を生むことになった。

処理された汚泥は天日乾燥し陸上埋め立てする。その上に公園をつくったりもする。農業用にも利用しているが、これは日本と同様、有機リンなどの問題でまだ研究の余地があるとか。この処理場も人口増、施設の老朽化、水質規準の見直し、雨水対策による処理水の増加などにより、施設の拡張、改善が急がれている。

駆け足で施設の見学を終えた一行はバスで処理場の敷地内にある下水道公社の研究機関（Research and Development Department）を訪れ、案内者もバトンタッチし、ゼング氏他二名の博士により、会議室に案内され説明を聞く。このグループは、処理場に隣接して設けられている研究本部と、三つの大規模処理場にある研究実験室を中心として、公社の新しいニーズを満たすべく各種の問題解決に取り組んでいる。

主な仕事としては、①河川の水質管理に関すること。②処理効率に関すること。③工場廃水の監視と調査分析。④ディープトンネル（洪水対策）に関すること。⑤汚泥の農業への利用についての研究。⑥その他、処理場のメンテナンスの技術的問題解決とアドバイスである。

グループの研究結果を年間報告書としてまとめたものを見ると、なおいっそう内容が理解できるだろう。工場廃水の監視、規制および改善指導に関する業務のウェイトがかなり大きい。方法は、工場廃水を採水して水質検査をした結果、基準値をオーバーしているとその会社に対し改善命令を出す。そしてそれに従わない場合は裁判にかけることもある。ただし改善命令後、何回かヒアリングを繰り返す。行政指導が目的なので裁判沙汰になることはごく希である。一九七七年の違反は四五〇社であった。また、一定量以上の排水と規定以上の水質を排水した会社に対してはそれによる使用料を徴収することになっている。

次に公社の予算であるが、公社全体では年間一億ドル、研究開発グループは年間二〇〇〇万ドル。職員は二四〇〇人である。下水道料金は不動産の評価によって決まり、その他管渠の維持費は各地域（市、町、村）によって定められており、これはそれぞれの地域でまちまちとか。

処理場の臭気などの公害問題については、やはり日本と同じで、附近住民に対する配慮は十分なされなくてはならない。処理水は州政府管理の河川（ミシシッピー川）に流すが、水質管理は厳しく、したがって下流域住民とのトラブルはない。

ユーモアを交えた丁寧な説明のあと、先方が用意してくれた昼食（フライドチキンとコーラ）をいただいたが、さすが本場のフライドチキンで大変美味しかった。

午後は若干の説明のあと、実験室などを見学したが、職員（スタッフ）の中に意外に女性が多いのが目につく。地方公社でこれだけの研究開発グループをもっているところはあまりないそうである。スタッフの技術水準もかなり高いものと感じられた。

次に、本日最後の見学であるディープトンネル（Deep Tunnel）の現場に向かう。ここで案内者は変わり、ポンプステーションとドロップシャフトを見せてくれるという。

シカゴの下水は現在禁止しているが、先に記したように、以前につくられた合流式下水道が約一〇〇〇㎢の地域にある。激しい雨天時にはこれが雨水吐より流出し、河川や運河に入る。動水勾配の緩い河川であるので、その汚泥が河床に沈澱しこれが河川の汚濁の一番の原因になっている。そして逆流してシカゴの上水源であるミシガン湖に流入するのである。シカゴ市民はかつての水による病気の怖さをよく知っている。そこでこの洪水対策として、多くの年月と多額の費用をかけ調査検討した結果、ディープトンネル案が決定されたのだ。雨天時越流水を各地に設けられた竪坑（Drop Shaft）からトンネルを通じ貯溜池に導き、ピークが過ぎた後にポンプアップにて処理場に送られ処理されるというもの。

我々が見学したドロップシャフトは直径一〇m、深さ七〇m、導水トンネルの断面は径一二m、こういうトンネルが何十㎞と掘られるのである。貯溜池も大きいものになると幅が三〇〇m、長さが五㎞、深さ六〇m、容積が九〇〇〇万㎥と実に大規模なものである。最も地質条件が良く、白雲岩層といって比較的軟らかい岩で、支保工も不用でトンネル掘削機を使用でき、トンネル内はモルタルライニングのみで大丈夫だから実に安価である（三〇〜四〇万円／mくらい）。

トンネル現場を見るためにドロップシャフトを下ることにする。シャフトの横に工事用エレベーターが設置されており、それに乗って降りた。ガタガタ揺れながらかなりのスピードで降りて行くがあまり気持ちの良いものではない。着いた場所はドロップシャフトの真下に当たるところでかなりの広さだ（三〇×五〇m）。そこから横方向に導水トンネルが伸びている。トンネルの中はヒンヤリとして、ところどころモルタルライニングに水が滲み出ている。軟かい岩なので多少は水を注すのだろうが漏水対策はどうするのだろうか。二〇分ほどの見学を終え再びエレベーターに乗ろうとしたら、エレベーターの調子が悪いとかでしばらく待つことにした。作業員がハンマーで叩いたりバールでこじったりしているが、大丈夫なのか不安になる。案内の人がたぶん直るだろうからもう少し待とうと言っているが、特に慌てもしない様子である。一〇分近く待ったが直りそうもない。一人が歩いて上るといって階段の方へ行くと、我々もすかさず後に続いた。慣れない土地での行動は誰かが事を起こすと皆それに従って行動する傾向にある。

階段といっても七〇mほどあり、ほとんど垂直に近い傾斜を上がらなければならない。上り出したが直ぐ息が切れて休む。先に行った人はどんどん上って行ってしまう。遅れた面々はいずれも肥満体の普段運動不足の者で、みんな下を向き喘《あえ》ぎ喘ぎ上った。雨降りで蒸し暑い、特に今日は背広にネクタイ、汗びっしょりで何度も休みながらようやく地上に顔を出すことができた。実に参った……。

そこへエレベーターが直ったのだろう、作業員二、三人がニヤニヤしながら歩いてきて、こういうことはよくあることだと説明してくれる。やっぱり気長に待てばよかった、日本人は気が短いということか。

このことはサンディエゴでの麻疹《はしか》の体験とともに今でも印象深く残っている。しかし、いい想い出でもある。

その後ポンプステーションに戻り、集中管理システムの説明を受けた。ディープトンネル工事の全体計画では三期に分け、今は一期の終わりでまだ相当の年月と費用がかかるとのこと。

今回の見学を終えて感じたことは、まず住民とのコンセンサスが十分とれていて、強い市民の支持を得ていることだ。そのため、十分な調査と豊富な実験の成果を基に、新しいものに積極的に取り組んでいける。そして規制に対する強い権限を有している。これが地方行政にとって必要なのだと痛感したことである。

さて、ロビーでドラッカー夫人と二人の女性と別れたときには、彼女らはショッピングやらおいしい食べ物探しなどにでも出かけたものと私は思っていた。ところがドラッカーの指示なのかドラッカー夫人の発想なのか聞いてみないとわからないが、驚いたのは、ほぼ一日、私ら土木技術者のために市内はもとより郊外まで出向いて女性の視点から見たシカゴのほぼ全域の資料を集めたり、地元の人に接したり、彼女らなりのウォッチング（観察）をしたとのこと。それらの視察結果のありのままのデータ類をまとめたものを私たちは受け取った。女性のパワーが素晴らしいことに今さらながら感心する。またこの情報は、後々私が日本に戻ってからきっと利用価値が十分に出るだろう。

視察を終えてのち、ホテル内の会議室を借りて討議を重ねる。同じ問題であっても人によっては感じ方が違うのも当然かもしれない。女子学生の一人が書記係をしたが、土木に関することは専門用語もあり、明確にする必要があるため、マサチューセッツ工学大学の助手（教授を目指しているとのこと）の方も書記係として担当してもらった。

①「労働意欲・仕事量・人情味・知識・真実性・努力・責任感・物の大切さ・虚栄心」を称して「人

のこと」
②「たばこの価格・ガソリン代・水道料金・ミネラルウォーター代・バスおよび地下鉄料金・高速料金・博物館等の入場料・食事内容・食事時間の重要度・衛生面・保安（風紀）体制・街の美観（広告）・電話施設（料金）・自然保護」を称して「生活のこと」
③「交通規制・交通量・道路全体の整備・街路施設（ごみ箱）・街路施設（標示板）・歩道施設・道路形態・街の美観・電気・電話線・街路の植樹植栽・主要駅前整備・道路交通（バス）・道路交通（タクシー）・鉄道交通（地下鉄）・鉄道交通（公共在来線）・河川の整備・河川の水質・施行技術」を称して「土木のこと」
④その他、①〜③に該当しない事柄
以上四つに区分して意見交換。

それを二人の書記係はホテルの貸し出し用タイプライターで打ち出し、全員に配布した後、二人の間の表現の違いを統一して仕上げた。仕上げた資料は全員に配られ、それぞれが今後活用することを期待する旨、ドラッカーが締めの言葉で言い渡した。

ほぼ半日かかっただろうか。昼時となったので、最上階のレストランにて食事。

その日に知った事柄はその日のうちにすべてまとめるのが習慣になっているので、何の苦もなくその夜（寝る前の日課）に片付けてしまう。日常管理そのものの積み重ねが基本である。

このときに与えられた「ドラッカーの教え」は以下のとおりであった。

▼自分よりすぐれた者に働いてもらう方法を知ることに限る。
▼重要なのは、できないことではなく、できることがあることである。

## サンフランシスコ

アメリカ西部のカリフォルニア州の都市サンフランシスコはまだ訪れたことがなかった。書籍やニュースなどで知ってはいるものの、現地に行き自分自身が体感したい。金門海峡南岸、太平洋航路、航空路は同国屈指の良港とのこと。確か一九五一年、太平洋戦争の講和会議開催も当地で開かれた。日米両国がその時点からともに平和な世界を目指そうとした場所なら、なおさら訪問視察の価値がある。

このような主旨を以前、手紙に認め、ドラッカー宛に出した。それから半年も経った頃、一〇月頃なら都合もつくので……との返信があった。日程などを手紙で出し、一路サンフランシスコへと旅立った。

京都→伊丹（大阪国際空港）→成田空港。成田を発って九時間後、サンフランシスコ空港に無事到着。霧の街〝サンフランシスコ〟は晴天。気温は東京や京都の九月中旬並みで日射は強いが爽やかである。

日本とは約一七時間の時差があるが、さほど疲れは感じない。入国審査と荷物の取り出し、通関にほぼ一時間もかかる。日本の出国時はわずか一五分くらいだったのと比べて随分と厳しい。

ドラッカーは途中で合流するとのことで、男女二人の学生らしき方が「ようこそ、山岡歳雄様」と書かれているボードを高々と掲げ、税関を出た所で迎えてくれた。二人とも日本人で留学生とのこと。久しぶりに日本語で話すことに二人は喜んでくれた。

バスで市内へ向かうフリーウェイは休日のためか空いており、バスは時速一〇〇マイル。倉庫や港湾施設を横に見ながら、フィッシャーマンズ・ワーフへ向かう途中、サンフランシスコ・オークランド・ベイブリッジの高架下を通過する。湾の中央部に巨大なピアアンカーが高くそびえ立ち、二本の吊橋が結ばれている。

サンフランシスコ港は、サンフランシスコ湾を囲むように伸びた半島のほぼ先端にあって、湾内に面し展開している。湾を挟んで本土側にはオークランド港があるが、歴史はサンフランシスコ港が古く、最近までロングビーチ、シアトル港と並んでアメリカ西海岸における海の玄関であった。しかし、近年のコンテナ化の進展や船舶の大型化、内陸への輸送方式の変化、また港湾の背後に市街地が迫っており、大規模な港の拡張が難しいことなど、立地上不利な条件が重なって、積極的に近代化を進めたオークランドにその地位を奪われる結果となっている。サンフランシスコ港の現在の動きは、物流機能の拡充を図りながら、観光都市であるサンフランシスコ市街地に隣接している条件を利用し、フィッシャーマンズ・ワーフを中心として古いピアをコマーシャルな施設に改造していく方向にあるようである。昼食のため立ち寄ったフィッシャーマンズ・ワーフは新鮮な魚介類を食べさせるレストランが多数あり、観光客の人波であふれていた。

ゴールデンゲート・ブリッジを渡り海岸線を行くとソーサリートという街に出る。ヨットハーバーがあり、画廊、ブティックがありレストランが何軒かある。湾内を見わたすと、ヨットが点々と帆走している中を、本船が汽笛を鳴らしながら航行している。当地では遊びも仕事も同格の模様、感心する。帰路、フェリー、バスと乗り継ぎユニオンスクェアのホテルに入る。四一時間の長い一日が終わる。

翌朝、ホテルロビーでドラッカー夫妻と昨日の留学生二人がすでに私を待ってくれている。四人は朝食はもう済ませたとのこと。あまり待たせては失礼かと思い、二〇分ばかりで食事を済ませ、ホテルを出発。

一行は、私の希望を入れてくれ、とりあえず有名なBARTとケーブルカーの試乗に出かける。

「サンフランシスコの交通機関には名物のケーブルカーの他、バス、トロリーバス、MUNI(Municipal Railwayの略)メトロ(地下鉄)があり、これらはすべてMUNIの管轄下にあり、料金は乗換券(トランスファー)を含めて、ケーブルカーは一ドル、その他は六〇セント、子ども二四セント、老人五セント、トランスファーは表示された時間内(二時間)ならいずれの方向に、何回でも乗り換え可能。

おつりはもらえませんので小銭を用意してください。三ドルで一日中使えるパスもあります。ケーブルカーチケットマシンでお買い求めください」

これは市の観光案内所に置かれている日本語パンフレットの一節である。サンフランシスコ市営交通の特色は、各種交通機関がそれぞれの特徴を活かして共存していること、乗客の利便に配慮して乗り換えを一枚の切符で可能とするなどの工夫が進んでいる点にある。ただ、金と時間をかけて、非常に洗練されたシステムを作り上げたにしては、停留所に停留所名や行先を表示していなかったり、駅に時刻表の掲示がなかったりするのは、配慮に欠けているのではないかと感じた。バス停や駅でのこのような情報は、日本のほうが親切である。

ＢＡＲＴのシステムは、自動券売機に入れたお金の分だけ、チケットの磁気テープに記録され、金額を使い切るまで有効と聞いていた。しかし、いざ券売機の前へ立つと、運賃表が見当たらない。入場料のつもりで一ドル投入し、チケットを購入。ＢＡＲＴの試乗を果たし、自動改札から外へ出ようとすると、ブザーと料金不足の表示が出て慌て、冷汗が出る。周りを見廻すと、乗り越し用の券売機が見えた。チケットに二五セントを加え地上に戻る。この間、英会話を試す必要なくホッとするが、ルールがわからず釈然としない。

ケーブルカーの場合は、始発駅の路上にポストのような外観の券売機が設置されている。列に並び切符を買おうとすると、前の人（外国人）は券売機が故障とか何とか言いながら買わずに立ち去ってしまった。私の番になり、券売機にコインを入れようとするが受け付けない。野外設置の機械は当地でも傷みが早いと判断し、あきらめて傍へどいて次の人の様子を見る。きちんと買っていく。よく見ると、買おうとする切符のボタンを先に押してからコインを入れている。手順が違っていたことに気づいた。観光客が多く利用する乗物にもかかわらず、説明が不足していると思う。それでもようやく乗れたケーブルカーのデッキから見えるサンフランシスコの街並みは美しく、過ぎる時間は早かった。

ドラッカーの奥様と留学生の二人は、ショッピングなどに出かける。ドラッカーと二人きりで過ごすのは久しぶり。夕食まではまだかなりの時間がある。サラリーマン生活の六年間はあっと言う間に過ぎ去り、独立してまもない私。いよいよ、トップリーダー（経営者）として、マネジメントをしっかりと運営しなくてはならない初年度である。

だからといって、ドラッカーにいつまでも頼っていてはいけない。今度の訪米の主たる目的は、マネジメントシステムそのものを自分なりに構築し、今日までなんとか運用管理を行ってきたが、これで正しいのかどうかをドラッカーに確かめてもらうことだ。是正すべき事項は即座に対処し、帰国後活用可能な状態にして即、実行したい。〝時は金なり〟とか〝継続は力なり〟などと言うのは簡単だが、実行することにより証明できるのだと思う。

ホテルの談話室にて、長方型のテーブルに持参した文書類を拡げ、順序立ててまず全体のシステムについて、自分なりの運用管理方法を説明した。ドラッカーはときには手を取り頷き、私に笑顔でもって応える。持参した文書は一部を除いて英文だった。

マニュアル化した本文（一次文書）と規定や手順書（二次文書）、および帳票様式（三次文書）の互換性（整合性）はまずはパス。一次〜三次文書は、独自の発想だったが、自社で使う言葉を強調し、全体をコンパクトに仕上げている点はドラッカーから誉めてもらえた。

このシステムの構成は良いが、今後よりシンプルにしていくこと。特に一次文書と二次文書の意図を三次文書（帳票様式）に表現することで、入社早々の社員も少しの時間を割いた指導により容易に使えるように改善するとさらに良いとの指導を受けた。シンプルがベストなのはよくわかる。就業規則なども同時に改善していくとよいとのアドバイスをいただいた。

また、別組織の株式会社サンカン（旧、山岡経営研究所）は、マネジメントシステムを中核とする経営コンサルタント事業であり、二五名の役職員と小規模ではあるが順調に業績も上昇していることを報告。

「他企業を指導する会社も同様に合理化を促し、共有することが望ましいので、五社を束ねるトシオ・ヤマオカは立派な最高経営責任者の任務を果すためにも自分の体を労ることも大切だ。健全な体があればこそ指揮者の役目が果たせるのだから」と、私の健康にまで気配りをしてくれる父親のようなドラッカーに心より感謝した。

たった二人だけの時間。互いにアイデアを出し合う。この日、以下のようなことを学ぶ。

▼未来に向かって羽撃《はばた》くのはまるで屋上から天空へ向かう姿のようだ。これ、すなわち成長の証し。
▼ふとしたことから生まれるのが発見である。部下や協力会社のアイデアも引き出せ。
▼管理職、特にトップの意識を変えないと人は定着せず、組織力は低下する。
▼その国、その地域、その企業が求めている人とは、人材・人在・人済・人罪などではなく、人財なのである。だからtoolmanではなくgoodmanを求めるのだ。トップは指揮者である。社員や利害関係者がハッピーになれるよう先導することが重要である。
▼オーナーと顧客と営業が合致してこそ物事が円満に進む。これは持続的成功の道だ。
▼好奇心に触発されて積極的に物事を捉えてみるとなおさら良い成果が得られる。
▼ただ過去の継承のみでは新しいものは何も得られず、何も出てこない。
▼Plan、Do、Check、Actionはそのために永遠に繰り返す必要がある。まるで時計のように……。最高のエースとは、他のエースに勝ってこそ真のエースといえる。
▼民意を悟り、平和を願いつつ突き進む人となろう。
▼心を閉ざさず、門戸を開け。
▼締め切りがあったほうが、人は良い仕事をする生きものだ。追い込まれないと力が出ない。
▼どのようなことも結構複雑で、単純なことでさえ簡単にはいかない。努力はそのために必要だ。
▼花壇のように見栄えのする大企業だけが活躍の場ではない。小は大をも成すこともある。第一、中

小企業はすばやく対応する組織が多い。その一社になろう。

▼多くの言葉を並べるよりも、短く明快な言葉の方が、真実を衝《つ》き人の心を動かすだろう。

▼大事なことは、〝いかに勇気を奮い立たせるのか〟。消極的では勝てはしない。

▼落ち込んだ時、そこから回復するプロセスが今後の人生を変えるチャンスとなる。

▼society（広くいえば利害関係者）に役立ってこそ生き甲斐といえる。

▼人はやがては死んで去るが、モノは永久に残るだろう。モノづくり、人づくりは大切。

▼問題を出す組織は、組織内の連絡体制が明確ではなく、周知もされていない。

▼トラブルはいつ発生するかわからない。緊急時への対応・準備を十分になすべきだ。

▼人を成長させるには、基準タイムとレベルを設けて教育（共育）すること。

▼人は傲慢な態度の人には寄り添ってこない。謙虚な態度なら寄り添うだろう。

▼教訓たるもの、今いる現場で活かしてみよう。

▼〝意に添わない人〟は反面教師と思え、人生心得の一つである。

▼わからない、壁にブチ当たったとき、ゲーム感覚でベストを尽くして試してみて実感してみよう。

▼ハングリーな精神は、人の成長への妙薬である。

▼自分の存在感を出すには、発信力・行動力が伴わないと相手は動こうとしない。

▼交流あればこそ、人は進化し続けるだろう。第一、交流なき人になれば健康にはなれない。

▼ライオンの赤ちゃんがすやすや眠れるのは、親が守っているからだ。人間もそうでなくては……。
▼人それぞれ価値観が違う。相手が違うからといって説教ではなく、そっと諭してやろう。
▼企業で働く人、一人ひとりが経営者として仕事に取り組むことで、その企業は成長間違いなし。
▼心の中にどっしり哲学や倫理をもっている人は、やたらと話さず、行動で見せている。
▼トップには少なくとも〝行動力・指導力・改善改革力〟がないと人々は従わない。

※トシオ・ヤマオカは、総てを把握しているだろうが、改めて諭す。

ドラッカーの奥様がすでに予約してくださっているということで、五人揃ってアメリカの各州にある、食べ物も飲み物も豊富との噂のチェーン店に到着。個室になっている。

洋食が主流なので、とりあえずビールで乾杯。メニューは英語・日本語・中国語で書かれている。〝このコースを注文しておきました〟と見せていただいたのは、日本円にして四万八〇〇〇円（当時一ドル三六〇円の時代）のフルコース。この店で一番高額なコース。飲み物代は別途とのこと。

「今夜は三人の日本人を私たちがご招待させていただきたいので、どうぞ存分に楽しみ堪能して下さい」とドラッカーの奥様からお言葉をいただく。

このような招待は思ってもいなかった。このご好意に甘んじていただくこととする。甘んじることそのことが礼儀だと思う。

シャンパン、ビール、ワイン、ブランデー、そして日本酒などをいただく三人を、目を細めながら笑顔で頷くドラッカー夫妻。「やはり、若いっていいね……」と夫妻は我々三人を交互に見て〝ウフフ……〟と心地好く、口に手を添えて語られた。

私は遠くにいる親のことを心で思う（私は母のみ、父はすでにあの世の人）と同時に、ドラッカー夫妻が第二の父母のようにも思え、せめていつか何かの形で恩返しをしたいと思った。恩返しは、間接的でも、この夫婦なら受け入れてくださるだろう。〝有言実行〟という四文字熟語があるが、今このときは〝不言実行〟である。

その後、ニューヨーク大学に留学している学生二人とともに一路、日本へ帰ることになった。奇《く》しくも男女二人とも関西出身、男性は京都、女性は大阪が地元とのこと。大学は関西の某大学でともに学んでいる。「国際的感覚をもたなくては大成しない」。その一助として、大学教授は海外へたとえ六か月でも一年であっても留学し学ぶことを勧めており、二単位以上がもらえると言われ、留学しているようだ。

「人は道理に反してはいけない。自分をコントロールするのは、他でもない自分自身である……」など約一〇〇項目の人の生き方を話す。随分とエラソウかもしれないが、経営者の一人として教えたまでで、彼らは真面目に聞いてくれた。

伊丹空港にて別れるものの、ドラッカーと昨夜合意した、アメリカ、メリーランド州にて再会することを楽しみに「バイバイ……」。

## メリーランド州ボルティモアへ

今はどうかわからないが、当時のボルティモアはまるで〝暴力の蔓延《はびこ》る街〟であった。小説『長いお別れ』（レイモンド・チャンドラー著）には警官の暴力ざたが日常の光景として描写されている。同書の出版から半世紀以上過ぎた今も、状況は何ら変わっていない。ボルティモア地域では、殺人事件が毎日のように起きている。

警官に拘束された黒人が平気で暴力を振るわれ、重傷を負い、ときには死亡する青年もいる。後ろ手に縛られ護送車に押し込まれ、青年が痛みを訴えたとしても全く無視。

抗議デモもたびたびあるが、何の効果もない。殺されるのはいつも黒人。夜間外出、とくに一人歩きは絶対危険。夜の街は静まり返って、まるでゴーストタウンのようだ。

〝犯罪の多発と人権差別〟は、当地を訪れた約三六年前と何ら変わっていない（ドラッカーは嘆く）。

本当に〝犯罪多発で人種差別〟が多いのか。不安もあるが、現地に足を運び、実態を知ることにより、問題解決の糸口が見えてくる。アメリカ合衆国はいわば州が集まってできた寄り合い所帯のようなものである。一つの州が、小さい国一つに相当するくらいの国土面積を有する。治安の良好な州や市もある一方で、悪い州や市もある。原理・原則・現場・現物・現地の〝五ゲン〟は、マネジメントを学問で終わらせず、地域の改善に少しでも役立つために身をもって行動することが社会貢献である……。ドラッカーはこのようなことを前回の訪米最終日に語った。少なくとも我々三人（前回の顔ぶれ）は賛同した以上、実行しようと決めていた。その決意が今回の訪米の一つ目の目的である。

五ゲンに則り、現状を知り、護衛二人を雇い、現地のホテルに集合した八人は実態調査を二日間（平日と休日）行う。ガードしてもらうだけで心強い。安全・安心は何より大事。マネジメントをもって改善するためには、〝五W二H〟も考慮し、分析・評価を行うのが手っ取り早い。三日目は実態調査資料を持ち寄り、改善提案書としてまとめる。デミングとドラッカー、二人の有識者（かなりの年輩の企業経営者）、デミング氏の教え子（大学院生）と我々はホテルの一室に集まって論議した結果が改善提案書となる。

ホテルの一室に一同が集まるのは、効率化を図り、効果的な成果を生み出すためであると同時に、私流だが〝四ム〟（無駄・無理・無茶・無視）により効率・効果も上がるからである。

〝三人三様〟といわれるが、ましてや八人もいると、観察する内容も変わるのが当然である。八人の統括責任者はドラッカー、分析・評価ではデミングがリーダーとしてさまざまな項目に対して結論を出す。

有識者のうち、実年齢七二歳である二m近い背丈の人は、一〇か所の商業施設を経営する代表取締役会長（ワシントンに総本社をもっている）。メリーランド州にも進出したいため、自ら参加したとのこと。

後に、その会長本人が書かれた本（サイン入り）の一冊を、ドラッカーを通じて受け取る。本のタイトルは「Good Man」とある。やはり私の考えが正しいことを確信した。もう一人の有識者は、アメリカ合衆国で活躍している五〇歳の上級公務員（国際情報局長）。背丈は一七五㎝くらいでとてもハンサムだが老けて見えた。苦労が彼をそうさせたのかもしれない。英語・ドイツ語・フランス語そして日本語も話せる秀才というか天才である。

〝三人寄れば……〟の諺のとおり、八人も寄れば一人だけで考えて悶々と悩むより、問題や課題の解決に対するスピードはすごく速い。会議はもとよりコミュニケーションの取り組みには〝文殊の智慧〟そのものの意義を疎《おろそ》かにしてはならないことを再確認した。

二〇頁の提案書の文書化は、デミングの教え子である大学院生が担当。トリプルチェックを七人が交互に実施。一人当たり二部いただく。使用方法は各自の判断に任せられた。

一か月、あるいは一年かかる人もいるだろうが、活用の効果について、互いに可能な限り情報交換を行うことで合意する。

コミュニケーションは顔を合わせなくとも可能である。近年なら技術の進歩によりあらゆる手法でコミュニケーションが速やかにできるが、訪米した時代はそうはいかなかった。

## 首都ワシントン

アメリカ合衆国の首都で初代大統領に因んでワシントンと命名されたポトマック川左岸にある都市。行政上はコロンビア特別区で連邦会議の直轄地である。一七九二年には国会議事堂やホワイトハウスなどが置かれる。

しかしながら、人口ではニューヨークに勝てない。ニューヨークは世界経済の要であり、世界貿易センター、エンパイアステートビル、国連本部ビルのそびえる幾多の摩天楼には及ばない。とはいえワシントンも一見の価値がある。

国会議事堂近くにある政府要員の勤めるハウスに、国際情報局長の案内で入館。我々一行は、前日仕上げた改善提案書を、局長専用の会議室で、他部局長クラス級十数人に渡し、メリーランド州の特にボルティモアを中心とした犯罪多数と人種差別を主とした説明をし、議会運営にも役立てていただきたい旨を伝えた。わずか一時間少々であったが十分説明し、提案書を受けとっていただき感謝された。後は、彼らが真剣に対応してくれることを期待するだけだ。我々にとっては、マネジメントシステムの大きな改革の一歩となる。

視察、論議、総括など、毎回会うたびに一連の行動をともにする。ときにはデミングやドラッカーから教えてもらうだけではなく、参加者も発言し、良い意見は教訓として共有するスタイルは相変わらず続いている。

経営者や管理職の中には、まれではあるが、部下が意見提案書を出したり、率先して良かれと思って仕事をしたりしたにもかかわらず、無視する人もいる。このような体質の企業は、現状維持が精一杯でむしろ後退の恐れがある。当然外部の意見を聞き入れることもない。

組織力とか組織の知識、人々の力量、コミュニケーションなど、マネジメントシステムにおいて欠くことのできない要素（プロセス）を統括し、戦略的経営を目指すのは経営者の責任である。悪い経営者は権利のみをふりまわし、責任は部下に押しつける傾向がある。

その点、デミングやドラッカーは、年齢や地位に全く関係なく平等に対応する。むしろ、こうした姿勢の人には自然と人々が慕って集まってくるものである。

国家公務員の資質は、日本と比べて大きな違いがある。デミングとドラッカーを招いた手前かもしれないが、分け隔てなく我々に応対してくれた。あらかじめホテルを予約してくれていたのだろう。貴賓室を用意するなど惜しみなく労をねぎらってくださったことを今でも想い出す。夕食は洋食のフルコース。シャンパンにてまずは乾杯。コースの最後は日本でもおなじみのコーヒーか紅茶とショートケーキ。

この夜の宴に要した費用はどれくらいかわからないが、局長が支払ったとのこと。国費なのか私費なのか知る由もないが、「貴重な改善提案書をいただいた御礼に過ぎません」とさりげなく語る局長。

心が広く頼もしい人だと思う。これがアメリカ流（？）の気配りのようだ。

私も大人扱い。デミング、ドラッカー、実業家の三人とともに、予約式倶楽部（個室）にて寛ぐ。商業施設等多角経営の実業家は今までの苦労から得た経験知を次のように語った。

「Good Man（人財）によってことのすべてが成されます。自分の置かれている立場は、カーネギーのいう〝人を動かす〟ために何をなすべきかを一五分刻みで自己流のA４サイズのノートに記入し、予定（計画）は黒、決定は青、未決は赤い文字で書く。もう一冊のこのノートは記録簿である。何分、歳のせいか忘れることがたまにあるので、この二冊のノートは私の分身とでもいえる存在」

この集まりにおいてデミングは次のようなことを語った。

「統計の取り方によりバラツキが生じる恐れがある。バラツキをなくし正解を求めるには、質問の表現を変えれば、人の本音が見えて、より正しい統計を得ることができる。トシオ・ヤマオカが使用している経営層と一般社員に分類している一〇〇の質問、約五〇の質問シートや独自のスワット分析と要因分析など、約四〇シートはマネジメントシステムにおけるインプットデータとして、大いに役立つだろう。しかしながら、これらのシートは時代や組織の規模により使い分けるとともに年々歳々改善することを怠らないことも忘れてはならない」というようなことであった。

またドラッカーがこのときに語ったことの主な点は以下のとおり。

▼情報は自らの足で稼ぐのが確かなものだ。
▼同じような情報を他人《ひと》から得たときでも自分で確かめよ。
▼組織は個々の力によって構成するのだから、その人々をいかに束ねるかを経営者は自覚せよ。
▼安全で安心に暮らすには、無事故が大切。労働安全衛生は守るべくして守ろう。
▼失敗は私にもある。だが他人に影響を及ぼす失敗はしてはならない。
▼マネジメントをシステム化して組織の全員が共有化すること。それを含めた管理をするとよい。

私の意見を附記する。
①不変の理念は、組織も個人もせめて一つくらいはもつべきだ。
②先人の教えを自分のものにするコツ。その教えに一味加えることで心に刻まれる。
③文書表現は自分の組織の言葉でわかりやすくシンプルにすれば皆が理解し実施可能となる。
④生きた証しとして自分が誇れる物語をつくろう。
⑤目標を立ててしまえば、できるできないは、後のやり方次第である。
⑥プロセスシートを応用することにより、戦略的経営が可能である。

また、若者三人がホテルに戻って来た機会に一人一言を聞く。

- デミングなど先輩の教え方を心得て、自由発想で教壇に立ちたい（アメリカの大学院生）。
- 他国で学んだことを活かし、たとえ小企業であっても、そこで存分に自分の能力を発揮したい（日本の男性留学生）。
- 男女平等の理念はアメリカに来てよくわかった。女性といえども堂々と男性社会で活躍することを目指す（日本の女性留学生）。

いつの日か、また会うことを誓い解散した。

# 九章　西ドイツ、フランス、イギリスにて

――一九八二（昭和五七）年

## フランクフルト〈旧西ドイツ〉

ベルリンの壁がまだ高々と残っていた頃、ライン川の支流であるマイン川下流のドイツ経済の中心地フランクフルトをドラッカーが選んだわけが納得できる。

空港では〝Toshio Yamaoka〟と書かれたＡ４判くらいのボードを掲げ、姿勢の良いハンサムな青年がロビーまで私を迎えにきてくれていた。

レンタカーであろうか、青年は自分で運転して市中心部のホテルへと運ぶため、私の荷物を手際良く後部座席に乗せる。私が助手席に座ろうとすると、彼は助手席側のドアを開けてくれた。多少の訛《なまり》があるものの、日本語を上手に話す。日本に一年留学していたとのこと。道理で日本語を話すわけだ……と私は感心した。しかし、読むことと書くことには苦労したようだ。ドラッカーの推挙で、日本、フランス、ドイツに三年間留学したと、身振り手振りで私に伝えてくれた。「何事も一進一退があるが、挫《くじ》けることなく前進すること」をドラッカーから学んだとのこと。この名言は以前に私もドラッカーから聞いた覚えがある。

ホテルのそこそこ広い部屋に入ると、ドラッカーは何かの辞書らしきものを手に持ちながら、書類に目を通していた。笑顔いっぱいで私を抱き締めてくれた。何か、父親と会ったような気分になる。

一時、部屋で互いに近況報告。

「今の自分があるのは先生のお陰です。会社の経営が順調なのも先生はもとより、あらゆる先輩の教えがあればこそ、少し工夫をこらして実践できていることも皆様のお陰だと常々感謝しています。師であり父である先生に身命を賭してお仕えいたします……」。

大袈裟《おおげさ》なようだが、それが私の本音であることを報告すると、ドラッカーは次の事柄を私に話してくれた。

①自分の人生は自らプロデュースすること。

②奇想天外なことが起こるのも人生だ。振り返れば一つのドラマとして後世に残り、誰かがそれを実行するだろう。

③組織の発展は、イノベーション（刷新、新機軸）、すなわち、組織が一体となり、新しい経営組織、新しい技術革新に取り組む姿勢にかかっている。

④経営戦略意識をもってこそ、持続的成長があり成功への道しるべとなる。

⑤マーケティングすなわち商品販売やサービス促進活動（市場活動）に、組織で働く人々全員が取り組むこと。

⑥トップマネジメントは船頭役となり、人々を幸せ街道に導く責務を果たすこと。

## マンハイム〈旧西ドイツ〉

マインハイムを訪れ、ルートビッヒス・ハーフェンの水処理場を私の希望により視察する。続いて、上水道施設を視察するものの、概してヨーロッパの水は、いくら浄化されたとしても飲み水としては日本の水には勝てない。何しろ、ビールより水のペットボトルのほうが高額である。したがって彼らが朝からでもビールを飲む習慣についても納得できる。

市中心部より少し離れた郊外（小さな町・村）は、簡易水道施設から供給されていた。この簡易水道に関する知識が、帰国後に山形県真室川町や大阪府岸和田市における簡易水道の調査・測量・設計などで役立った。

西ドイツは、大陸気候で一般に雨が少なく、ドイツ全体で年平均降水量は八〇〇㎜で空気は乾燥し、地下水位が低いうえに水量が少なく、質も良くない。よって飲料水としては、湧き水か井戸水で河水は工業用水に使われている。ビールより水の方が高いのはそうしたわけである。

## コブレンツ〈旧西ドイツ〉

リューデスハイムからコブレンツ間のライン下りを行う。ライン川を下りながらさまざまな種類の橋梁構造物を船上より視察。前述したが、ライン川国際委員会の技師の案内により連邦水質保全研究所を視察。飲料水・工業用水に分けて処理はするものの、ホテルでの飲料水は蛇口をひねれば安心して飲めるような水には程遠い。いったん沸騰させて飲むとよいが、安心して飲みたいならペットボトルが適切だろう。「郷《ごう》に入れば、郷に従え」の諺のとおりである。

## パリへ

ラ・デファンス新都市計画と新幹線の構想・考え方と実現手法・制度・組織体系などは、日本の新宿副都心や新幹線などの取り組みとはそれほど変わったところはない。あえて日本の新幹線との違いを挙げるならば、乗り心地、時間通りの運行、プラットホームに停車する乗降位置の正確さ、乗務員やワゴンサービス、今はないが食堂車の良さなどの点で、日本の方が秀れていると思う（他の人々はどのように受け止めるかは別として）。とはいえ、創意工夫を行っているのはどこの国でも同じで、技術革新の結果は如実に物として現れ、生活向上につながっているのは確かである。

仏新幹線の車中にてドラッカーは次のようなことを呟《つぶや》いた。

▼声なき声に応えるのが賢人といえる。
▼決断は、自分が納得してこそできるものである。
▼情報戦が決定的な威力となる。

▼新商品・新開発は非常識を常識に変化させる発想から誕生するものだ。
▼「唯一無二の声」を逃すと悔いを残す。この声と真摯《しんし》に対応すること。
▼飾りけなく、ありのままで話せば、聞く人は君を信じるだろう。
▼考える、勉強する、工夫をする……ことで自信がつき、ステップアップできる。
▼挑み続ける。すなわち継続することで成長し成功する。
▼遮二無二《しゃにむに》やれば突破できる。
▼コツコツと行うのも長所であり、そのうち自信がつく。
▼行動なきところに、成果なし。
▼心の備えあればこそ、明るい情報を手中に収められよう……。
▼トシオ・ヤマオカの「一浪一休」は決して無駄ではなかった。それを君は活かしている。

ドラッカーは科学的知見をもって我々を導いてくれる一人であり、私の人生で最も〝涵養力《かんよう》〟のある人物であったと私は今も思っている。

## リヨン〈フランス〉

フランス南東部に位置する。ローヌ・ソーヌ両河川が合流する都市で、大学・大司教館・大聖堂があり、機械・繊維工業で発達した地域である。

このリヨンにも変化みられ、チップ制度は衰退の道をたどる感がある。しかし、ときとして宿泊するホテルでは、未だにこの習慣が続いている。日本では考えられない。

天の恵みである雨は、ときには人の迷惑（大雨・台風など）になるが、雨は地球上に生存する人類などの動植物にとっては大切である。山々から湖、川へと向かい、大海に流れていく。言い訳やグチや怒りを顕《あらわ》にせず、ただひたすら流れ去る。

それに比べて、人間は自由であるものの、ときにはマイナス要因をもってことをなす人もいる。自由の使い方には時間がベースにある。プラス要因で行動すべきであろう。人間はあらゆる資源に恵まれ生活している。とりわけ「水」はなくてはならない大切な資源である。その資源をうまく使える環境保全・品質保全に力を注ぐことを決して忘れてはならない。

## 再びパリへ

リヨンを離れて、パリへ戻る。石畳にアスファルトをかぶせた道路が多く、上部のアスファルトがはがれ、石がのぞいている所がある。パリの道路網は、一つの交差点に多くの道路が入り込んでいる。そのため車は複雑に混み合い、道路網としては適切ではない。あれでは慣れない交差点の中でどこを走ってよいのかわからず、うろたえるだろう。

アイデアとして面白いのは、セーヌ川の河川敷に作られているバイパスで、信号もなくスムーズに走れるということで、ちょっとした土地の高度利用だと感心する。日本でもこのようなアイデアを取り入れる可能性のある場所は意外と多いのではないか。

次の訪問先（イギリス）へ移動する前夜、夕食時にドラッカーは以下の事柄を諭してくださった。

▼Planが絵に描いた食べものになっていては、単なるロマンに過ぎない。プランはじっくりと。

▼いくら良いPlanであっても、Do（実行）を確実かつ大胆不敵になすべきだ。

▼CheckはPlanとDoを照合して実行する。一人ではなく少なくともダブルチェックを。確証するためには、トリプルチェックをなすべきだ。

▼継続した成長と成功へのステップにはActionがなければならず、それが次のPlanへのステップアップにつながるだろう。

▼体力ある人は、知力もともに上昇する。

▼徳なき人物は、自分のことのみ考えている。徳を求めるならば、人に徳を与えよ。

▼脳を使うためには、記憶力・思考力などが無限の力となる。デジタル（有限）ではない。

▼強みを生かせば弱みは薄れる。革新的行動のためには強みを存分に生かすことだ。

▼誰だって脅威やピンチにさらされる。裏を返せば、それがビッグチャンスとなる。

**SWOT分析 調査・結果実施表**

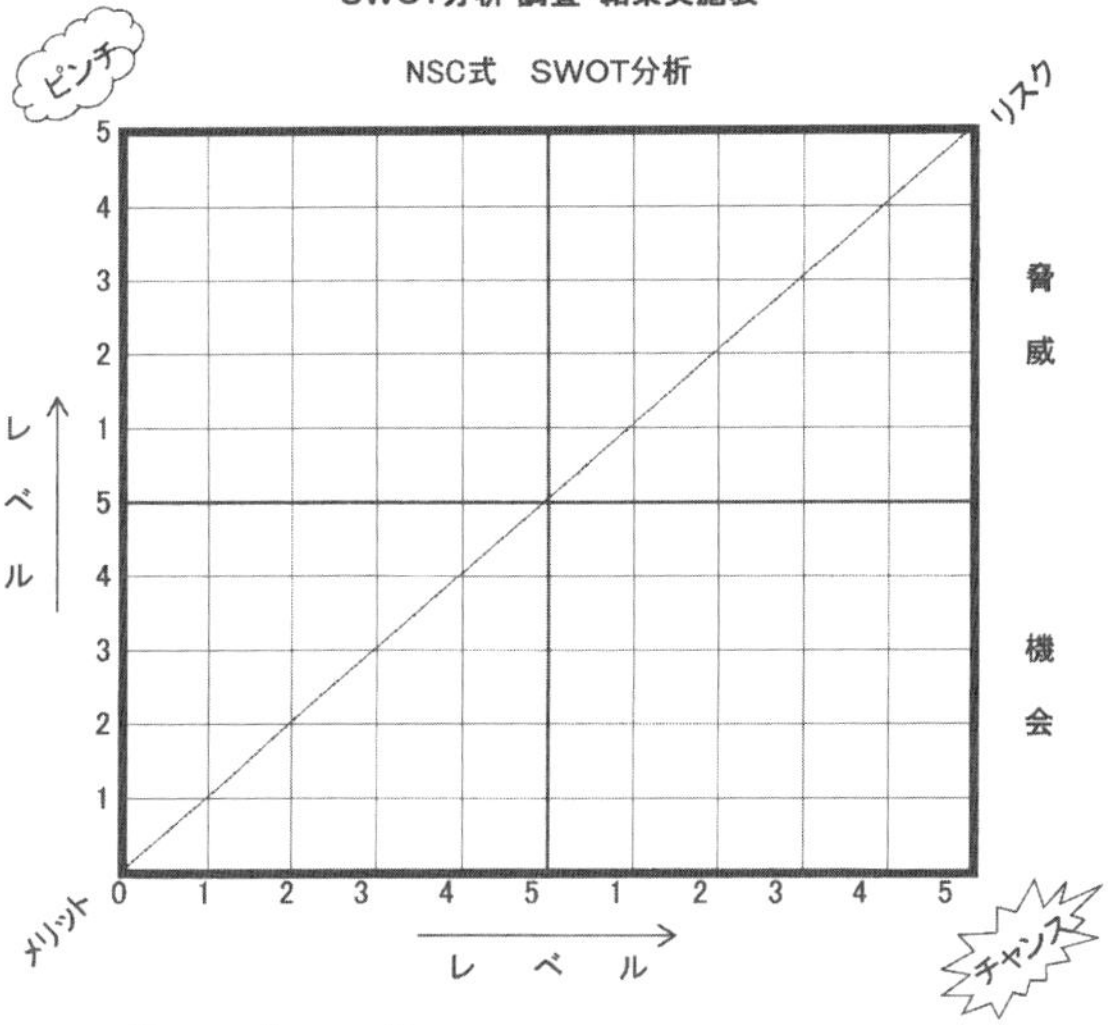


年　　月　　日

| | | |
|---|---|---|
| 部署 | | 受領者のコメントetc: |
| 氏名 | | |
| 備考 | | 1～5段階評価<br>☑してください。 |
| 弱み | | 5 4 3 2 1<br>□ □ □ □ □<br>5 4 3 2 1<br>□ □ □ □ □ |
| 強み | | 5 4 3 2 1<br>□ □ □ □ □<br>5 4 3 2 1<br>□ □ □ □ □ |
| 脅威 | | 5 4 3 2 1<br>□ □ □ □ □<br>5 4 3 2 1<br>□ □ □ □ □ |
| 機会 | | 5 4 3 2 1<br>□ □ □ □ □<br>5 4 3 2 1<br>□ □ □ □ □ |

注1．当帳票様式を受領後７日以内に管理責任者に提出のこと。
注2．可能な限り、外部からの目線で調査すると更に良い（顧客、協力会社、株主等）

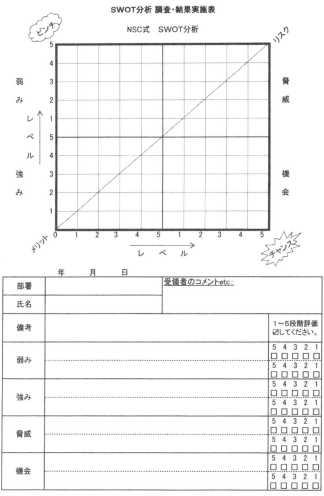

可視化し、分析するツールとして、独自に考案したスワット分析調査・結果実践表（NSC式スワット分析）をドラッカーらに渡したところ好評価を受け、今もコンサルティング時に活用している（前頁参照）。

▼人の行く途《みち》はいく通りもある。我が行く正しい途を選び歩め。

## ロンドンにて

ロンドンでは英国土木学会（ＩＣＥ）を訪れた。一九一〇年に完成した建物の正面玄関には、〝The Institution of Civil Engineers〟の文字が多少薄くなってはいるものの、重々しく刻まれていた。

ＩＣＥは米国土木学会（American Society of Civil Engineers）とともに、世界屈指の土木学会である。東京水道橋にある日本土木学会とは比べものにならない施設である。サッチャー元首相の記者会見場として使われた場所も視察した。経営コンサルタントおよび土木工学の専門家として活動している私には、歴史の違いとはいえ羨ましく、圧倒される思いであった。

ＩＣＥの使命は、「アドバイスとデザイン、および社会に土木技術をよりよく知ってもらい、土木技術者の地位向上をさせる」ことである。

ＩＣＥは当時、〝Municipal Engineering Association〟と合併する方向で進んでいた。

日本と違い、イギリスでＩＣＥの会員になるにはハードルが高い。受験資格は、大学の土木工学科卒業後、会社などで最低三年間の実務経験が必要である。試験は、五〇名ほどの専門家の中から選ばれる二名のシニアメンバーによる面接と一般知識の筆記試験がある。実務経験が一〇年以下で若い技術者の場合、午前中、二時間くらいで一〇〇〇〜一五〇〇字のトピックを書く。これは早く物事の考えをまとめ、意見を論理的に述べられるかどうかの判断材料とされる。午後、二種類のレポートを書き、数日後シニアメンバーが判断し、その後に初めて会員となれる。法律的には仕事上会員でなければならない、ということではないが、政府や公団の仕事に携わる場合には、会員であると尊重される。

会員は次の七段階に区分されている。

①Honorary Fellows（〇・一％）②Fellows（八・〇％）③Members（五四・八％）④Companions（〇・二％）⑤Associate Members（二七・一％）⑥Graduates（一・〇％）⑦Students（八・八％）

ＩＣＥの収入源としてはまず会員の会費がある。会費の額はA・B・Cと三段階に区分されており、さらに会員の種別により異なるが、年額平均四〇〜五〇ポンド。会費以外の収入が多い。ホールを貸して、室代、料理代などの収入がある。また、一〇年ほど前から出版社を経営し、図書・雑誌の発行、販売で高収入を上げている。広告収入も大きな財源である。しかしながら、学会は収益を上げてはいけないので、あえて別組織にしている出版社からの〝寄付〟の形をとっている。ＩＣＥ

の案内には、通訳とともに私が主として質問役で対応していた。ドラッカーを始め、他の人々は土木工学系ではなかったので、学会員の技術力向上への仕組みなどに興味をもったようだ。

イギリスは過去二回訪ねているせいか、西ドイツ・フランス・ノルウェー・韓国・中国・台湾などと違い、何かホッとする。他国では「身の回りの持ち物には気をつけろ」、「あの地区へは行かないほうがよい」などと半ば脅された状態で過ごしてきたのに対し、ロンドンは治安に関してはまず問題がないので自由に歩き回れる。実際、昼夜問わず、日本で初めての街を歩き回るのと同じ感覚で、それほど治安に関して不安はなかった。

「おやっ」と思うことがいくつかあった。一つ目は「信号の変わり方」である。信号は赤・黄・青の三色は日本と一緒だが、その配置は縦に上から赤・黄・青と並んでいる。日本でも雪国では縦配置のところもあるが信号の変わり方が当地では、「青→黄→赤→赤→黄→青」というサイクルである。つまり、赤信号から青信号に変わる前に黄色が赤とともに点燈する。これは、この間にドライバーがギアをNからLに入れ換えて発進の準備をする時間とも考えてみたが、疑問である。

二つ目はオートバイの路上駐車というのは、どこの道にもあるというわけではなかったが、道路の中央、対向車線との間に線で区切られたエリアが設けてあり、そこに斜めに駐車をしていた。自転車専用道路はなく、自転車は車と同じように通りを走れる。バスは停車場でない場所、たとえば、交差点などで停車したときにも乗車可能である。座席の一階は禁煙で前半分がロマンスシート、後ろ半分が東京の山手線や大阪の環状線のような対面シートである。二階はすべてロマンスシートで後部では喫煙可能だった。

一行は朝五時過ぎにホテルを抜け出し、まだ灯の消えていない霧のかかった通りを抜けて、Kensington Gardensに出かけた。公園の木々は朝の空気に洗われており大変気持ちが良い。池には幾種類もの野鳥が遊んでいる。早起きの人々はまだ薄暗い中でジョギング、サイクリング、乗馬などをしていて、大都会の中の公園の静かな朝を満喫している。散歩に連れて来られた犬は公園の広い芝の上を走り回るが、野鳥やリスなど公園の住人たちを脅かしたりせず、人と動物と自然は、ほどよい調和がとれている。公園およびその周辺の風景がマッチングしている。

当時は、一ドル三六〇円の時代だったが、コインを入れて公衆電話で日本に電話をした。日本から海外にかけるより、欧米から電話をかける方がかなり安い。しかも必要料金（通話料金）のみで、お釣りがチャランチャランと出てくる。あまり話もしていないのにお釣りが出てこない日本の電話の仕組みとは大いに違う様子であった。

数は少ないが、イギリスでは和食店がすでに何軒かあった。そのうちの一つの寿司店に入り、純和食を注文した。帰国前の夜なので、まずはビールで乾杯し、あとは和食に馴染むだろうと考え、日本酒を飲む。しかしながら、酒類はともかく、本格的な和食らしさは見られない。しかし、イギリスの食事全般からすると味付けは薄めであり、特に関西人には適しているものであった。

今回のヨーロッパ視察で気づいたことを、滞在中にまとめた。まとめるには便利でなおかつ書きやすく、理解を助けるために、以下の表にしてみた。お断りしておきたいのは、訪問した時代と今日の状況とは異なる部分もあること、同時にエンジニアとしての視点から眺めたものであることもお許し願いたい。

**表1　人・生活・土木（明日へのしるべ）**

| 比較項目 | 西ドイツ | フランス | イギリス | 日本 |
|---|---|---|---|---|
| 人 | 8 | 6 | 6 | 7 |
| 生　活 | 7 | 7 | 6 | 5 |
| 土　木 | 7 | 6 | 8 | 6 |
| 総　合 | 7 | 6 | 7 | 6 |

〈注〉各項目 10 点満点評価。

**表2　人のこと**

| 着目事項 | 西ドイツ | フランス | イギリス | 日　本 |
|---|---|---|---|---|
| 労働意欲はあるか | ある 9 | ある方 6 | 上層部有 7 | 言う程無 8 |
| 仕事量はあるか | ありそう 8 | ある方 7 | 少ない 3 | まあまあ 6 |
| 人情身はあるか | ある 8 | 少しある 5 | ありそう 7 | 少しある 6 |
| 知識は豊富か | まあまあ 7 | ある方 8 | 普通 6 | ある 9 |
| 真実性はあるか | まあまあ 7 | ありそう 6 | ありそう 6 | 少しある 5 |
| 実行力はあるか | ある方 9 | なさそう 3 | ありそう 6 | ある方 8 |
| 努力をするか | する 8 | 少しする 4 | 少しする 4 | する 9 |
| 責任感はあるか | ありそう 7 | まあまあ 7 | 少しある 5 | まあまあ 8 |
| 物を大切にするか | する方 8 | する方 8 | している 9 | ややする 4 |
| 虚栄心はあるか | まあまあ 6 | 多くあり 2 | まあまあ 5 | 少しある 8 |

〈注〉各項目 10 点満点評価。

**表3　生活のこと**

| 着目事項 | 西ドイツ | フランス | イギリス | 日　本 |
|---|---|---|---|---|
| タバコの価格 | やや高い 5 | 高　い 3 | 高　い 3 | よ　い 9 |
| ガソリン代 | よ　い 9 | まあまあ 7 | 高　い 3 | やや高い 5 |
| 水道料金 | 高　い 3 | 少し高い 5 | 安　い 8 | まあまあ 6 |
| ミネラルウォータ代 | 高　い 1 | 少し高い 4 | 少し安い 6 | 安い方 8 |
| タクシー代 | やや安い 8 | まあまあ 6 | 少し高い 4 | 少し高い 4 |
| バス・地下鉄代 | 安　い 10 | やや安い 8 | やや高い 5 | 高　い 3 |
| 高速道路代 | な　し 10 | な　し 10 | 普　通 7 | 高　い 3 |
| 博物館等の入場料 | な　し 10 | な　し 10 | 一部あり 8 | あ　り 4 |
| 食事内容 | 普　通 6 | 普　通 6 | まあまあ 7 | よい方 8 |
| 食事時間の重要度 | 大　切 9 | まあまあ 7 | 短い方 5 | 短　い 4 |
| 衛生的か | 不衛生 3 | や　や 5 | まあまあ 7 | まあまあ 7 |
| 保安態勢は（風紀） | やや良い 5 | 悪　い 2 | 良い方 7 | 良　い 9 |
| 街の広告は | 感じ良い 10 | やや良い 8 | 普　通 6 | 悪　い 3 |
| 電話施設及び料金 | 大変良い 10 | 良　い 8 | 良　い 8 | 少し悪い 3 |
| 自然保護は | 大変良い 10 | 大変良い 9 | 大変良い 9 | 少し悪い 5 |

〈注〉各項目10点満点評価。

**表4　空港と新幹線の料金比較**

| フランス航空（パリ～リヨン） | TGV（パリ～リヨン426km） | | 新幹線（東京～米原446km） | |
|---|---|---|---|---|
| | 1　等 | 2　等 | グリーン | 普　通 |
| 476 F | 335 F | 236 F | | |
| 円 | 円 | 円 | 円 | 円 |
| 14,280 | 10,650 | 7,080 | 14,300 | 9,900 |
| 14本／日 | 22本／日 | | | |

〈注〉 1 F = 30円に換算

**表5　土木のこと**

| 着目事項 | 西ドイツ | フランス | イギリス | 日　本 |
| --- | --- | --- | --- | --- |
| 交通規制は厳しいか | あまい 9 | 少　し 5 | 少　し 5 | 厳しい 3 |
| 交通量は | 少い方 8 | 多い方 4 | やや多い 6 | 多　い 2 |
| 道路全体の整備は | 良　い 9 | 良い方 7 | 良い方 7 | やや良い 5 |
| 街路施設の信号照明 | 良い方 7 | 少し悪い 4 | 良　い 9 | 多い位 8 |
| 街路施設（ごみ箱） | 大変良い 9 | 良　い 7 | 大変良い 8 | 少ない 4 |
| 街路施設（標示板） | 少し不明 4 | 良い方 5 | 大変良い 9 | 多い位 7 |
| 歩道は充分か | 充　分 10 | 良い方 8 | 良い方 7 | 不整備 4 |
| 道路体系は良いか | 良い方 7 | 不　明 3 | 良　い 8 | 判り易い 8 |
| 街の美観は | 良い方 8 | ややよい 7 | 一番良い 9 | 悪るい方 5 |
| 電気・電話線は | 地下方式 10 | 地下方式 10 | 地下方式 10 | 地上方式 4 |
| 街路の植樹・植栽は | 良い方 8 | 大変良い 10 | 大変良い 9 | 少ない 5 |
| 主要な駅前整備は | 良くない 5 | 良くない 4 | 良い方 7 | 良　い 8 |
| 道路交通（タクシー） | 良い方 5 | 良い方 6 | 大変良い 9 | 良　い 8 |
| 道路交通（バス） | 良い方 6 | 少し悪い 4 | 大変良い 10 | 良　い 7 |
| 鉄道交通（地下鉄） | 良　い 8 | 少し悪い 4 | 良い方 7 | 大変良い 9 |
| 鉄道交通（国鉄）但し在来線 | 良い方 6 | 良　い 8 | 良い方 7 | 少し悪い 5 |
| 河川の整備 | 大変良い 9 | 大変良い 8 | 良い方 6 | 悪　い 5 |
| 河川の水質 | 大変悪い 3 | 悪　い 5 | やや良い 6 | 大変良い 8 |
| 施工技術 | 良い方 5 | 良　い 8 | やや良い 6 | 大変良い 10 |

〈注〉各項目10点満点評価。

表6　TGVと新幹線の比較

| | TGV | 新幹線 |
|---|---|---|
| 開業 | 1981年 | 1964年 |
| 路線延長 | 426km（パリ〜リヨン間） | 1835km |
| スピード（最高速度） | 270km／H | 210km／H |
| 最小曲線半径 | 4000m | 4000m |
| 最急勾配 | 35／1000 | 15／1000 |
| 軌条重量 | 60kg／m | 60kg／m |
| トンネル | なし | あり |
| 動力方式 | 半分散 両端の2輛動力車 | 分散 全車動力付客車 |
| 台車方式 | 連接台車 | 一般台車 |
| 軌間 | 1435mm | 1435mm |

表7　降水量

| 場所 | 降水量 | 備考 |
|---|---|---|
| 鹿児島 | 3,430 | 太平洋岸 年平均の30%〜50%は台風、梅雨時による降水 |
| 高知 | 3,000 | |
| 広島 | 1,536 | |
| 名古屋 | 1,631 | |
| 東京 | 1,784 | 日本海岸 年平均の15%〜20%は台風、梅雨であり、50%は雪雨、雪による降水 |
| 金沢 | 2,432 | |
| 新潟 | 1,596 | |
| 青森 | 1,472 | |
| 札幌 | 1,023 | |

表8　主要国の高速道路延長

| 国名 | 延長（km） | 面積当たり（m／km²） | 人口当たり（m／千人） | GNP当たり（m／百万ドル） | 保有台数当たり（m／千台） |
|---|---|---|---|---|---|
| アメリカ | 69202 | 7.39 | 301.13 | 26.35 | 433.16 |
| 西ドイツ | 7538 | 30.27 | 122.23 | 9.18 | 297.63 |
| イギリス | 2657 | 11.55 | 47.59 | 5.07 | 151.70 |
| フランス | 5715 | 10.37 | 105.91 | 8.71 | 255.70 |
| イタリア | 5901 | 19.60 | 103.16 | 14.90 | 295.63 |
| 日本 | 3010 | 7.59 | 25.56 | 2.9 | 76.01 |

表9　主要国の国内貨物輸送・陸上旅客運輸

| 国名 | 貨物輸送（百万トンキロ／年） | | | 陸上旅客輸送（百万人キロ／年） | | |
|---|---|---|---|---|---|---|
| | 道路 | 内航海運 | 鉄道 | バス | 乗用車 | 鉄道 |
| アメリカ | 30 | 21 | 49 | 1 | 99 | 0 |
| 西ドイツ | 52 | 21 | 27 | 13 | 80 | 7 |
| イギリス | 85 | 0 | 15 | 10 | 83 | 7 |
| フランス | 65 | 4 | 31 | 5 | 85 | 10 |
| イタリア | 86 | − | 14 | 17 | 75 | 8 |
| 日本 | 45 | 48 | 7 | 14 | 45 | 41 |

表10　主要国の道路延長

| 国　　名 | 延　　長（km） | 舗装率（%） | 千人当たり延長（km） | 道路密度（km／km²） | 自動車1台当たり延長（km） |
|---|---|---|---|---|---|
| アメリカ | 6,365,590 | 82.0 | 27.8 | 0.68 | 0.041 |
| 西ドイツ | 485,392 | 99.0 | 7.9 | 1.95 | 0.019 |
| イギリス | 353,433 | 96.4 | 6.3 | 1.53 | 0.021 |
| フランス | 803,415 | − | 14.9 | 1.46 | 0.036 |
| イタリア | 293,799 | − | 5.1 | − | 0.015 |
| 日　　本 | 1,118,008 | 48.2 | 9.5 | 2.96 | 0.028 |

表11　主な都市の道路面積率

| 外国 | 道路面積率 | 日本（大都市） | 道路面積率 | 日本（地方都市） | 道路面積率 |
|---|---|---|---|---|---|
| ニューヨーク | 23.2% | 東京都（区部） | 13.6% | 盛岡市 | 9.0% |
| ロンドン | 16.6 | 大阪市 | 16.2 | 新潟市 | 11.2 |
| パリ | 20.0 | 名古屋市 | 14.4 | 静岡市 | 11.1 |
| サンフランシスコ | 23.5 | 横浜市 | 10.5 | 松山市 | 8.4 |
| ワシントン D.C | 25.0 | 札幌市 | 18.0 | 熊本市 | 9.3 |

表12　道路交通事故状態別死者数の構成比の欧米諸国との比較

| 区分＼国名 | 西ドイツ | イタリア | オランダ | イギリス | フランス | アメリカ | 日　本 |
|---|---|---|---|---|---|---|---|
| 歩行中 | 22.5 | 19.4 | 16.2 | 32.1 | 17.2 | 16 | 30.7 |
| 自転車乗車中 | 9.2 | 7.6 | 19.7 | 5.2 | 4.8 | 1.9 | 11.4 |
| 二輪車　〃 | 16.4 | 21.0 | 14.6 | 18.9 | 15.9 | 10.0 | 20.2 |
| 自動車　〃 | 51.1 | 50.7 | 48.8 | 43.3 | 57.1 | 71.3 | 37.3 |
| その他 | 0.8 | 1.3 | 0.7 | 0.5 | 5.0 | 0.8 | 0.4 |

（単位%）

ドラッカーらとともに、ある意味、言葉遊びも交えて私の思いのまま感じたままをベースに語った。総まとめ（総評）は参加者の意見も考慮したので、みんな納得してくれた。ドラッカーを中心に以下の諭しを創った。

▼粘り強い創造と実行が成果を生む。
▼一粒死すも万倍を育《はぐく》む。
▼顧客・取引先・地域などすべての利害関係者と互恵を大事に。
▼経営者が代替りしても存続できる陣容確保と組織形態を堅持せよ。
▼良いモノを創れど、そのモノが悪いことに使われないための仕組みも必要。
▼出会いはその人にとって運命（定め）ともいえる。
▼教えとは導くことで、導かれた人々は成長する。
▼理論どおり素直にやれば、幾多の失敗もあるが、やがては良い結果が誕生する。
▼現地を見て、モノを見て、現場を見て初めて確実な証しが得られよう。
▼指導者は経験値をより向上させ、後人に伝授する使命をもつ。神々はそれを望んでいる。
▼技術や品質の追求により、顧客が望む以上のモノやサービスができる。
▼既存の大きな市場で高付加価値、高収益の商品開発をすると利益は多大である。

▼成功体験にこだわっていると判断力が鈍る。継続的改善はそのために大切だ。
▼好奇心から趣味となり、趣味からその道の専門家となる人は実に生き生きとしている。
▼目標計画は、短期・中期・長期・超長期に分けて確立せよ。
▼目標計画は、あらゆる角度から判断して構築し、時代に相応しい内容とせよ。
▼未来は予測可能だが、確実なることは不可能である。よってレビューを適宜行うこと。
▼御師・先人・父などの背中（姿勢）を見て、追いつけ、追いこせ。
▼健全な精神力と技術力に加え、体力も必要である。
▼威風堂々《いふうどうどう》の姿勢は自己育成につながる。
▼独創性とは、異質な所から生まれる可能性がある。
▼最高の人生とは、この世を精一杯、楽しみながら命がけで生きた人のことをいう。
▼出会ったものを素直に受けることも大事だが、自分で味つけ（創意工夫）することも大事だ。
▼マネジャーは周りの人々をよく観察し、仕事の責任をもつことが特に重要である。
▼上司とは、命令役ではなく、調整役・とりまとめ役と心得よう。
▼友よ、遠方より来たる。されど我らの心はいつも通じ合っている。

奇しくも翌年にほぼ同じルートで、日本の土木学会主催による調査団（二五名）の班長として再度訪欧できた。自分にとっては再確認・再認識などの意味で、ドラッカーらとの出会いがもたらしたビッグチャンスだったと回顧する今日である。

# 一〇章　海外調査団参加とアメリカ視察

――一九八四（昭和五九）年

## 第一三回土木技術者のための海外調査団

一九八四（昭和五九）年、土木学会の会員による海外調査団に参加し、ニューオリンズを訪問した。視察に先立ち、私は団長より、主として都市基盤整備関連の班長に指名される。

参加者は官学民に携わる人々で構成されていたが、私の長男も特別に加えてもらう。息子は摂南大学国際言語学部英米学科在学中。学部の方式として、専攻した学科の現地に行き、体験することにより一単位が得られるとのこと。

「親バカ」なのかもしれないが、幸いにも息子は中学二年で英検一級（当時）に合格しているので、調査団の通訳係に好都合。同じ班に加えてもらう。

調査団員として出発するほぼ二か月前にドラッカーと手紙のやりとりをする。その結果、ニューオリンズ滞在中の二日目午後二時、宿泊先のホテルのロビーで我が息子とともに会った。息子はドラッカーと会うのは初めて。挨拶を交わし、しばらく談話した後、息子はドラッカーと同行して来た大学生二人と別行動。ドラッカー、他三人（三人とも初めての人）と私は行動をともにする。同行した三人のうち一人は初老の大学教授（土木工学部・地方計画）、恰幅が良いサングラスをかけた人は、日本でいう国交省次官級の公務員（砂防・河川）。三人目の人は、ドラッカーの助手である。多分、ニューオリンズで開催中の国際河川博と私の専門とする建設コンサルタントや経営コンサルタントなどに役立つだろうというドラッカーの気配りがここにもある。心より感謝。九人ほどが乗れるような車で、五人は国際河川博覧会場へ向かう。かなり贅沢。ドライバーはドラッカーの助手。河川博会場での説明はもっぱら大学教授が中心。

都市基盤整備をメインとする私の訪問の主旨は、四人からいただいた資料や説明のお陰で帰国を待つまでもなく一挙にまとめることが可能であった。河川博以外に午後七時過ぎまで、あらゆる都市・地域を観察。「人・生活・土木」をキーワードとして現地で十分学ぶことができた。少し遅い夕食となったが、八時頃宿泊先とは別のホテルに御招待いただき、五人で会食。皆多弁である。それぞれ、気づいたことをメモる。

夕食後、歩いてすぐの場所に出向き、アメリカにおける大衆音楽を聴く。助手の方があらかじめ予約してくれていた我らの場所は、いわゆるカブリツキの位置。ここでも気配りがわかる。Country and Western とCountry Music は同義であるとのこと。田舎の白人の間に伝承した民衆音楽が黒人音楽や北部の大衆音楽の影響を受けて発達した音楽である。自分たちが育った故郷愛やその故郷の日常生活が感傷的に歌われる。ルイ・アーム・ストロングの渋い声と演奏に楽器はマッチしている。Gospel（ゴスペル）song も良い歌であった。黒人霊歌にジャズ・ブルースなどの要素が加わった福音歌。Gospel song は二〇世紀前半、アメリカの黒人教会から生まれたものと聞く。同じく、Reggae（レゲエ）も素晴らしい音楽だった。Reggae はそもそもジャマイカで生まれたポピュラー音楽で、黒人のダンス音楽にリズム・アンド・ブルースの影響が加わったものだ。二拍目と四拍目のアクセントを強調したリズムとメッセージ性の強い歌詞が特徴である。

異なった三種のミュージックは我々を引きつけ、まるで魔法にかかったように誘惑された。多民族が住む街はそこに共生している。まさに合衆国といわれる所以だ。

このときに見学したゴールデン・ゲート・ブリッジは一九三七年に完成した橋梁《きょうりょう》で、陸から眺めても、天空から眺めても、心にジーンと来るものがある。

ニューオリンズの市街を移動しているとき、平坦な所も、上り下りの場所にも路面に堂々と走行する電車を見て、今はないが、京都市内を走る市電を想い出す。

また、ニューオリンズでは、安全確保（事故防止）のために、車を特に下り坂方向に停車させておくときには、前輪を歩道側に向けて停車することが州条令（法）で定められている。

ニューオリンズでちょっと残念だったことは、歩車道を問わず、タバコの吸殻を始め、やたらとゴミ類が捨てられていることだった。

それよりも、恐いのは、自己防衛とはいえ、ピストルを許可制のもと所持していることだ。特に日本人を始め観光客の一人歩きは極力避けることを知人が親切に教えてくれた。また、今日は多少なりとも減少しているようだが、合衆国に住んでいる白人と黒人の争いが多くあったとのこと。

自由主義や平等の精神には躾《しつけ》といった課題をかかえているとのこと。

しかしながら、いずれにしろ私への気配りをしてくれたドラッカーを始め三人の方々に感謝したい。充実した一日であったことは確かだ。……と今、想い出す次第。

このときにドラッカーらから教えられたのは以下のようなことである。

▼たとえ口約束だとしても約束ごとは守れ。
▼約束ごとを守らない人は相手にするな。
▼「ビジネスチャンス」はあらゆる所に「ゴロゴロ」ある。それを見つけだせ。
▼人との出会いと交流は、自分の宝物となる。活かすことが大切だ。
▼声を出して言うときに注意せよ。たとえば日本で言う「ガソリン・スタンド」は、英米では「gas station」である。大変な失敗を招きかねない。
▼旅で会得したことを自分に活かさないと、何の価値もない。
▼去る人は追わず、来る人は大いに迎え入れよう。
▼絶えず先を見越し先取りせよ。成功者は皆それを行っている。

ところで、この視察団に同行させてもらった息子義雄が、帰国後にまとめた文章がある。私とはまた違った目で見たアメリカの姿が写されているので、ここに記しておく。

# アメリカ紀行（山岡義雄・記）

今回の土木学会の海外視察には、私、山岡義雄一人が変則的な形で参加させていただいた。「土木技術者のための海外視察」という題目が示すように、本来ならば私のような、文系の人間、しかも学生が参加を許されることはあり得ないのであろうと思う。ただ、父は土木工学のプロフェッショナルであって、また、私の大学での専攻が語学と国際文化であること、それに加えて、もし行くとなると、自分にとっては生まれて初めての海外旅行が、父のはからいにより可能になることなど、いろいろな意味で大変な好機でもあった。

若いうちの旅というのは、ともすれば単なるレジャーの延長か、さもなくばタチの悪い冗談のようなものに終始しがちだとよくいわれる。三年ほど前だったのではないかと思うが、遊び半分の留学をした大学生が、頽廃的な生活に陥った末に殺害されるというような事件が起きた。まだ記憶に新しい方もおられるかも知れない。いわゆる近代化が科学的な方向でどんどん進んでゆく今日だが、人間の心はまだまだそれらに順応していないようだ。国際化などというが、人間の感性そのものはまだ地方性に依存している。だからこそ若いうちの旅行というものは、特に私たち以下の世代の者には、一考を要するのである。何だか悟ったようなことを書いたが、その意味では正に自分は幸運だったのかもしれない。パスポートに始まり、生活習慣への順応や言語格差に至るまで、学校では教えてくれなかったであろう多くの事柄を学べたのだから。

　さて、すでに述べたとおり、私は土木工学に関する学術的な知識を全くもたない人間である。したがって、どうしても私的な感想文の域を出ないものであることはお許し願いたい。

　この視察は元来、土木技術者の方々のために組まれたものであった。だから必然的に、私はその行程の中で、許されうる限りの単独行動をとることにした。この団体行動と単独行動の繰り返しというアンバランスな状態で過ぎていく毎日は、予想以上に精神的に強烈なものだった。加えて時差ぼけや疲労など、肉体的なプレッシャーのため、旅慣れていない私は、日程の半ばを過ぎた頃、放心状態に陥ったりもした。しかし、後半になってからようやく自分を取り戻せたのは、多くの未知の人々との出会いや、珍奇なものや、目にもあざやかな風景に、好奇心を満たされたお陰だったのかもしれない。


　以下、印象に残った事柄についていくつか書いてみたい。まず一つは、その地方によって、日本人（広義での東洋人）に対する態度、人々の抱くイメージなどがはっきりと違っていたことである。たとえば、ニューオリンズでは日本人は珍しいがゆえ、妙に好意的だったし、ハワイでは逆に日本化が進み過ぎていて、歩いていても日本人であるこちらが旅行者のような気がしないくらいであった。一方、サンフランシスコやシカゴなどでは、日本人に対する態度というよりも、土地柄なのだろうか、ひどくよそよそしい感じを受けたものである。アメリカ人やヨーロッパ人たちというのは、我々日本人の、特に年輩者たちが西洋に対して抱くある種の生理的な偏見ほどではなくとも、やはり肌が黄色いということ、髪が黒いということそれ自体が、一種の奇型性と感じる部分をもっているのではないか（そしてそれは歴史的なものとしてしみついている）という印象は最後までぬぐえなかった。たとえ論理の上でそうではないと否定してみたところで、それはごく生理的な感覚だから根が深いだろうし、その意味で世界人類が東の西のと言わず理解し合えるのはまだまだ先のことのような気がする。

各地についての具体的な印象を書いてみよう。

サンフランシスコでは、異国が初めてであったということもあるのだろうが、すべてがあまりに巨大なのに驚いた。何人かの人たちに、京都はどんな所だと思いますかと質問すると、very smallという答が返ってきたのがショックだった。

シカゴでは、大きさに加えて高さという驚きの新たな要因が加わった。世界最高の高さというビルに上って飲んだオレンジジュースの味は格別なものだった。この辺りになると、段々英語もそれなりに使えるようになる。中国人街があるらしく、人々はこちらの東洋訛りの英語を何とか理解してくれるのであった。

いちばん楽しかったのは次のニューオリンズである。たまたまルイジアナ河川博の開催期に当たっていて、外国をテーマ化したパヴィリオンに、いろいろな肌の人間が咲き乱れている（奇妙な表現だが、そういう印象を受けた）光景は、よく考えてみるとひどく胸が詰まるような思いがした。先に述べた人種的偏見ということは、もしかしたら逆に、その差異を縮小するのではなしに、その差異を差異として認め合ったとき初めて解決するのではなかろうかと考えた。

ヒューストンは、以前からいろいろな意味で興味津々だった土地である。NASAに一度行ってみたいというぼんやりした思いが昔からあって、それを果たした今では、今度は、死ぬまでに一度で良いから宇宙へ行ってみたいという気持ちになっている。民家はぎっしり建っていて、いつ人が飛び出してきても不思議はないほどなのに、猫の子一匹も見当たらない。雨のせいだったかと思ったが、誰もがここでは車を足の代わりに使うのだそうである。日本なら歩いて五分のところにマーケットがあるという感覚だが、これは物理的な違いからくるものであると聞いて納得した。

サンディエゴは回った土地の中でもいちばん南米的なところであった。風景そのものは日本でいうと宮崎県辺りに近い感じがするが、ただ違うのは、海が意識的に清潔に保たれているということであった。本当の意味で英語圏の人たちに囲まれて生活したのはこの旅行が初めてだったから、正確ではないかも知れないが、私の耳には、この地方の人たちは他の人たちに比べて訛りのある英語を話しているように聞こえた（近くにメキシコ領土があるためか？）。

コナ、ヒロはハワイ地方の中でも観光地化された離島であった。火山というものに自分の足で登ったのも生まれて初めてのことだった。飛行機に始まり、外国での生活、チップというもの、国際電話など、全く初体験の連続で、ものを考えている暇がなかった。

最後のホノルルでは、参加者の誰もがそう言っていたとおり、完全に近いくらいジャパナイズされた所だという感じを強く抱いた。ただ、日本と決定的に異なるのは、湿気の重みが日本のように粘っこくないこと、そして英語を話すということである。そして、サンディエゴでは気のせいかと思った訛りの感じが、ここに至っては、日本でいう東北訛りに近いくらい強いものになっていた。

何につけても初体験の連続でもあったし、それらの一つ一つに対応してゆくのが精一杯で、旅をしているのだという感じを味わう余裕はなかったかもしれない。それを思えば残念であるが、いずれ経験するであろうことだった。これからは国と国、人と人の物理的な距離は縮小されてゆく一方だろう。だが最初にも書いたように、だからといって実質的、生理的な意味での距離が縮まるとは限らない。むしろ物理的な距離との相対のなかで、逆に誰もが、どの国もが個別化してゆく可能性が強い。だからこれからのコミュニケーションとは、単なる会話でもなければ、いわゆる日本人の大半がそれで片付けてきたところの、酒の上でお互いの立場を云々するといった性質のものでもないはずである。私がルイジアナ河川博で感じた「胸の詰まるような」感じを、理論武装してゆく強さを身につけることなのではないかと思う。

とにかく、ここには書き切れないほどのたくさんの価値ある経験を、しかも学生時代にできたことは全くの幸運だったといえる。若いせいもあろうし、集団生活が苦手な性分から、御同行くださった皆様には御迷惑をおかけしたかもしれないと思う。最後に、父と土木学会の皆様に感謝申し上げて、筆を擱くことにしたい。

## ハワイ州

この年、二度目の渡米。ハワイの旅行と視察は過去三回あるが、いずれも主たる目的は「観光」であった。いわゆる〝物見遊山〟であって、多少なりとも知り得ることがあったものの、この一〇月に渡米した目的および今回の目的との中味の違いは歴然としている。

主としてホノルル、コナ、ヒロの三市を視察する。八つの島からなるハワイはアメリカ合衆国の一つの州である。中でもホノルルはハワイ州の主都として、太平洋航路・航空路であり、港湾都市ともいえる。

相も変わらず、日本人が多い。日系人あるいは日本から派遣された日本人も多い。なんだか日本国内にいるような感じ。言葉も日本語で通じる場所（ホテル、食堂など）もあり、日本の文字だってある。

今回は、ドラッカーの手紙にあったとおり、とりあえずハワイ州のヒロ航空ロビーで合流し、その夜に一五〜二〇日間の視察訪問先等の打ち合わせを再度レビューすることにした。おおよそのプランはドラッカーが希望した内容が二度目の手紙に記されていた。

まずヒロ市の市長を表敬訪問する。ヒロ市の庁舎に入ると、Megumi Kon（近恵）市長を始め、多くの都市計画の技術者が迎えてくれ、一時間ほどのコーヒーブレイクとともに当市の都市計画に関連する説明を受ける。一九四六年のアラスカ地震や、一九六〇年のチリ地震による津波のため、多くの人命と財産が失われた。チリ地震のときには最初の津波は通常より一〇m高いものであった。これを教訓に、同市の都市計画は、将来、このような津波や洪水の危険から人命や財産を守るために以下のような基本計画を構想し、市として絶対に実現すべきだと市長は強調した。

①歴史的なものを残し、ダウンタウンは安全な所に移す。

②街路整備をし、交差点は狭くして交通規制的なことも行う。

内容的には地域を大きく次の二つに分類している。

**a　標高の高い地域**

**b　標高の低い地域**

この地域はチリ地震なみの津波にも余裕があり、安全であるので、おもに商業地域とする。

この地域は過去にも何回か津波のあった所である。よって公園・農業・駐車場に利用したり、他の施設として利用するときには、職種によっては制限をする。

現在、都市計画・地方計画を総合的に実施しつつある。移転には公共的な援助をしているものの小地主がかなり多いため、市の職員は説得などの苦労が多いとのこと。いずこも同じ。一通りの説明を受けた後、交歓会に入り、鮨を始め現地の果物や飲みものが出て、非常になごやかな雰囲気になった。

次にハワイ火山観測所に向かう。マウナロア山始め、壮大な山々を車中から眺める。バスは熔岩流《ようがん》を横断した道路を走り続けた。ハワイ島の火山はキラウエア、マウナロア、マウナケア、ファラライ、コハラの五つからなる。これらの火山は東南から西北に位置しており火山活動も上記の順である。火山活動の様子はハワイ諸島のあらゆる所から見られ、宿泊先のホテルからも一望できた。

火山観測所のあるキラウエア火山は標高一二四七mで、マウナロア火山の中腹に四㎞のカルデラがあり、頂上には直径一㎞のハレマウマウ火山があって、最も活発に活動している。この火口は火山の女神ペレの「現在のすみか」とされている。

この火口とキラウエア火山の頂上から三方に走る割れ目に沿って、ほとんど毎年のように、激しい噴火を繰り返している。噴火の際に溢れ出す熔岩は一〇〇〇～一二〇〇℃の高温であり、流動性に富んでいる。そのために、激烈な爆発は起こらず、熔岩湖、熔岩噴泉、熔岩流が生じる。割目に沿った噴火の際には数キロにも連なり、火のカーテンをつくる場合がある。これはマウナロアとキラウエア火山の真下にあるホットスポットからマグマの供給があり、最も活動的な噴火を起こす。キラウエアの地下三〜六㎞の地点には、そのマグマと連なる、東方に伸びる細長いマグマ溜りがあり、このマグマ溜りの膨張によって地表に割目ができるためである。

ハワイ島で最高峰のマウナケアは標高四一七一ｍで、冬には頂上部に積雪があり、スキーを楽しめることには驚いた。このマウナケアの噴火の可能性は少ない。島に西北部にあるファラライおよびコハラ火山はまったくの死火山である。ハワイ諸島とそれに関係した海域では、東南から西北へ進めば進むほど島の年齢が老齢となり、火山活動は衰え、島の浸食と沈降が進んでいる。

これらの事実を説明するのが、プレートテクトニクス理論である。地球の表面は厚さが約一〇〇㎞の十数枚のプレートに分けられ、一枚一枚のプレートは静止しているのではなく少しずつ移動している。ハワイは太平洋プレートと呼ばれるプレートの上にある。南アメリカの太平洋沖には、東太平洋海膨という海底山脈があり、そこへ向けて、地球内部から高温の熔岩が上って冷え固まり、太平洋プレートの一部となる。一方、太平洋の西北部にあたる日本には日本海溝がある。太平洋プレートは海膨から海溝に向けて移動し、低温で老齢となった太平洋プレートの先端は地球内部へと潜り込んでいくのである。

プレートよりさらに下、熔岩の源となるホットスポットが地球に固定しているとすると、高温の熔岩はプレートを貫いて上ってきて、マウナロアやキラウエア火山のような活火山を造る。しかし一方、プレートは東南から西北へ向けて移動するため、それらの活火山は、ホットスポットからの熔岩の供給を断たれる。このため、これらの活火山もやがてハワイ島のマウナケア、ファラライ、コハラのような死火山となる。

小雨の中、バスはやがてキラウエア火山の噴火口の縁にある「ハワイ火山観測所」に到着した。噴火口は小雨と霧で、視界は悪かった。

観測所のレジー・オカムラ氏から観測所についての説明を受けた。同所はマウナロアやキラウエア火山の研究のため、一九一二年に創立された世界一のものである。ここには二つの目的があり、一つは現実的なもので、噴火と噴火したときの溶岩流の流れる方向の予測および警報に関するものであり、もう一つは将来の科学研究的なもので、火山表面下の構造とマグマの特性、火山挙動とその理由などである。

同所には四八か所の地震観測地点がある。このうちボアホール型の四か所は一〇〇m下に埋設されている。水準測量やレーダーで地盤の沈降や隆起を観測し、二四時間以内に探知できるようになっている。これらの観測資料は永久保存になっている。

業務は次の事項である。

①火山の噴火やその活動状態の観測

②熔岩やガスのサンプリング

③液状熔岩や固結中の熔岩の温度の測定
④チルト計と地震計の操作
地震計のデータは南北、東西、上下方向で採る。記録は回転式ドラム、写真フィルム、磁気テープなどがあり、各観測点の初期微動と二次震動の時間から震央と深さを算出し、そしてその座標付近の地震が活発に発生すると噴火が起きる。一九八四年の三月二五日からマウナロアの噴火が二〇日間ほどあったが、前年の九月頃から群発地震が記録されていたようである。

地震の頻度が例年より八月頃から多くなり、待機中であるとのことであった。その後、キラウエア火山の噴火をニュースで知った。四月の噴火では、予想した足元から隆起して、噴火予測が当たったことを自慢げに語ってくれたので、帰国後の噴火も確率良く当たったかどうか興味のあることである。

バスに乗ってすぐ、ハワイ自然エネルギー研究所に案内された。私は構内の芝生に座り、トーマス・H・ダニエル所長に説明を受けた。同研究所でのおもなテーマは海洋温度差発電であり、今、日本でも話題になっているハイテクの分野に属するものであり、非常に興味をもって聞いた。

これは、太陽熱に温められた表層の海水と深層の冷たい水の温度差(約二〇℃)を利用して発電するものである。海洋温度差発電のシステムは、蒸発器、タービン・発電機、作動ポンプ、温水取水ポンプ、冷水取水ポンプおよびこれらを繋ぐパイプから構成される。蒸発器は大きな容器の中に、細い管や薄い板が入ったもので、この中に、低温(一三~二五℃)で沸騰する流体(例えばアンモニア)

を、ポンプで表層から汲み上げた温かい（二五℃）海水で沸騰させ、この蒸気でタービンを回転させ、それにより発電機を回転させて発電させる。そして、タービンを通過した蒸気は、蒸発器と同じような構造をした凝縮器に送られる。ここに深層からポンプで送られた冷たい（五℃程度）の海水を通す。すると蒸気は冷されて液体となり、再び蒸発器に送り込まれる。

ここで利用される液体は、蒸発器↓タービン↓凝縮器↓作動ポンプ↓蒸発器という回路を常に循環しているので、タービンと発電機は休みなく回転し、連続して発電が行われる。このように流体が回路の外部と隔絶しているため、クローズドサイクル方式と呼ばれている。これに対して流体として、汲み上げた流水の一部を利用するオープンサイクル方式があるが、ここではその説明を省略する。

ダニエル所長は現状の問題点として次の事項を指摘していた。

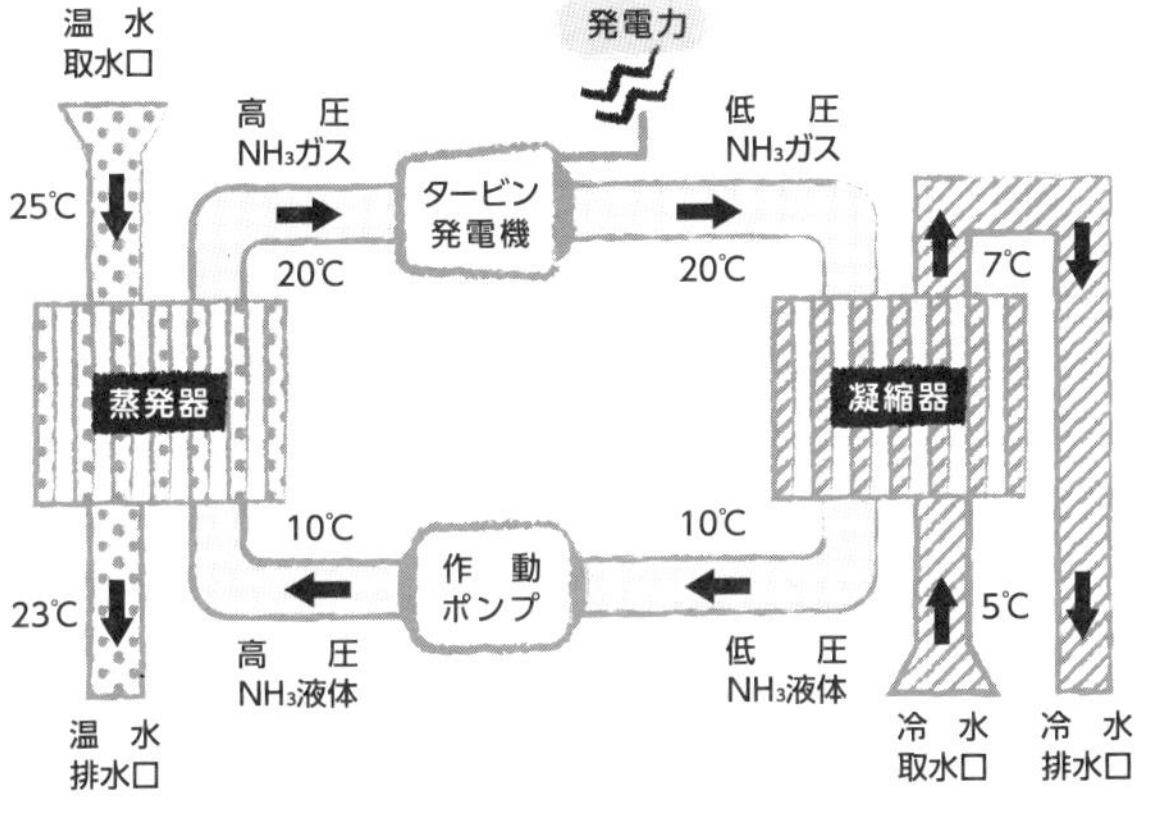


【図2】海洋温度差発電システムのイメージ図

①熱交換率が小さいので、その分、量が必要で設備が大きくなる。
②熱交換率の良い材料のものを探している。チタンは熱交換が良いが価格が高いので、合金でやろうとしている。アルミニウムを三年間使用してみたが、これも今後有望視される。これは東京電力でも課題となっているということである。
③現在は海洋温度差発電そのものより、海水に含まれているものの分析や海水による腐食の問題を研究している。
④海洋温度差発電は小規模のものと大規模のものでの実験を行った。小規模の方（五〇kW）は良好であるが、大規模の方はこれまでのところうまくいかなかったそうである。
⑤熱交換を良くするために、流速を二cm／秒ぐらいにしているが、生物が付着するので、今その実験をしている。
⑥また、海洋温度差発電のほかに、水温の影響を受けやすい虹鱒、鮭、海苔、海老、鮑などの養殖の実験をしている。冷水により、水温と流れをコントロールすれば、これらの養殖も有望であることがわかっている。

到着するまでの間、日系女性の通訳からハワイの歴史、産物、文化等について聞いた。途中一部予定を変更して、コーヒー農場に立ち寄り、直産品のコーヒーを購入した。

最近の日本人観光客は年間七二万人ほどいるが、ハワイの歴史を語るとき、日本からの移民のことを抜きに語れないそうである。一九八五年には移民一〇〇年を迎え、種々の行事が予定されている。一〇〇年前、明治政府とハワイ王国との移民協定に基づき、日本の四国より小さいところに二〇万人が移民し、一〇万人が定住した。一時はハワイ諸島の人口の四〇％にも達し、サトウキビ耕作の過酷な労働の日々を送った。その後ハワイ王国はアメリカ合衆国領土に変わり、ようやく生活の基盤を築いた日系人に少しずつ排日の冷たい風が吹き始める。そして日本軍の真珠湾攻撃でその風は最高潮に達した。その中で、合衆国への忠誠の証しに、日系部隊は多くの犠牲と華々しい勲功を記録し、日系人への疑惑も消えていった。よそ者がその土地に定着するために、血と汗の滲む努力をしたようだ。NHKで「山河燃ゆ」（原作・山崎豊子『二つの祖国』）を放映していたが、戦時中、米国西海岸の日系人が大統領の「強制立ち退き命令」で一二万人が収容所に入れられたのを見て、通訳の話があとでよく理解できた。

そして戦後、教育に熱を入れた日系人の活躍の舞台は広がり、州知事や上院議員そして弁護士など各分野で活躍し始めた。かつて日系移民が支えてきた砂糖やパイナップルの生産は斜陽化し、今では観光と米軍の防衛支出の占める割合が増えている。観光の分野では不動産開発、レストラン、旅行業、小売業への日本企業の進出が目立っている。

新たな試みとして注目されるのは、代替エネルギー開発としてサトウキビのしぼりかすを燃料とする発電であり、その一割以上を供給している。さらに前述の海水温度差発電、後術の訪問先とも関連する地熱発電および風力発電があり、今後は太陽と海水の豊富なハワイに適した先端技術の研究開発を期待する。

州都ホノルルを始め、ハワイ州全域を訪問するのは並大抵でない。特別にしつらえた小型航空機に、現地のガイドを含め私たち六人が乗り、八つの大島と多くの島々を上空より観察。島全体の陸地面積は日本全土とあまり変わらないとの説明だが本当にそうなのか、機内ではわからないので一応頷かざるを得ない。未開拓で自然そのものの小島には、野鳥や動物の様子がうかがえる。海は透明。幾種かの魚が悠然と群れをなして泳いでいる。その魚群を餌にするのか、大きな鳥と小振りな鳥たちは別々の行動だが、やはりそれぞれの鳥は群れをなして魚を狙おうとしている。

昨日まで視察したホノルル、コナ、ヒロなど、八つの大島はやはり都会の風景である。ビーチで楽しむ人々、サーフィン、ボード、砂場で遊ぶ大人や子ども、ときには犬も走ったり横たわったりして、一時を過ごしている。

ゴルフ場が見える。プレーする人を見て、メンバーとして入っている実家近くのゴルフ場にてプレーをしたくなる。今回の目的は遊びや観光ではないことを改めて自覚し、己を律する。

まもなく夕陽を迎えようとする時刻。ハワイ島の火山活動は相変わらず活発に噴火している。

気配り満点のパイロットは、ガイドの言うがままに操縦してくれ、私たちを満足させるよう配慮していたのが、今でも思い浮かぶ。

途中でヒロ空港に着陸し、燃料補給もあったものの、ほぼ一日かけて島々を十分観察することができた。一日中天空の人となってハワイ全島を見るのは一般の観光ではあまりないとのこと。小型航空機の中でコーヒーを飲み、簡単なパンで昼食をとり、果物や菓子などをおやつとして食べるのも粋なものだった。

日本を出発して、五日目となるこの夜、六人はホテルの別室を借りて、ハワイ州における状況を論議し、まとめに取り組むこと約三時間。職業はさまざま、ドラッカーは経営・経済、日本から渡米した私（土木系）と私の経営する会社の常勤取締役は建築家、ハワイ生まれの日系二世は観光とアーチスト、アメリカ本土からドラッカーに随行した人は、ハイテク産業、健康・医療機器メーカー、弁護士の各専門家の小集団。したがって物や製品を見る視点は異なるものの、さすがにドラッカーは意見をまとめるのが上手である。

彼は、五人の意見をひたすら聞き、うなずくのみ。その姿勢はいつも笑顔。

まとめた結果はすでに記述しているが、アメリカ全体の総括は後述のとおりである。

時刻は夜中であるが、そこかしこに店は空いている。観光立国の様子が目の前にある。ドラッカーは多少疲れたとのことで、自室に戻られたが、残る五人は私に気配りしてくれたのか、散歩を兼ねてもうほとんど人がいないハワイアンミュージックの店に入る。音楽に合わせてフラダンスを踊る男女の姿はとてもしなやか。ビールとナッツなどで一時を過ごし、ホテルに戻る。部屋に入るとさすがに疲れが一度に出てきて、バタンキュー。翌日は、次の視察先であるサンディエゴに向かって飛び立つのだ。

## サンディエゴ

サンディエゴはウエストコーストの最南端、ロサンゼルスの南約二二五㎞にある、人口約八〇万の都市である。サンディエゴの歴史を要約すると、一五四二年スペイン領メキシコの探検家ファン・ロドリゲス・カブリージョがラマ岬に上陸し、その後一七六九年にメキシコからの入植者のためにセラ神父が伝道所を建てた。スペイン・メキシコの影響を強く受けながらサンディエゴは発展し、一八四六年、メキシコ・アメリカ戦争によってアメリカ領となり、現在に至っている。

サンディエゴの市街地は天然の良港といわれるサンディエゴ・ベイを取り囲むようにして広がっている。サンディエゴ・ベイにはアメリカ最大といわれる海軍第一一艦隊の基地、桟橋に係留されている古い帆船（スター・オブ・インディア）の海上博物館および漁港等がある。漁港としては北側の水域および桟橋を利用している。桟橋のほとんどは木製の杭構造で、おもに陸揚げおよび大型船の休憩などに利用されている。小型漁船はほとんど水域に錨停泊している。また、漁港周辺の護岸背後には歩道があり、散策、ジョギングなどにも利用できるよう配慮がなされていると思われた。

観光・レクリエーション面から見ると、サンディエゴの美しい海とマリーナは欠かせないものであろう。ダウンタウンの中心部より約八㎞の所に、サンディエゴの誇るリゾート基地であるミッション・ベイ・パークがある。この公園は面積が約一八㎢と広大であり、その中にはホテル、マリーナ、キャンプ場、ゴルフ場、海水浴場等、海洋性レクリエーション施設のほとんどが整っているといっても過言ではない。ここはウインターリゾート地としての性格も十分に兼ね備えている所である。

ミッション・ベイはサンディエゴ川河口右岸にある湾である。その湾口はサンディエゴ川の河口部にあるが、河川との係わりを考慮してダブルチャンネルとなっている。水路の幅は七〇〇～一〇〇〇フィートで、プレジャーボードの出入港における最大利用幅に余裕を加えたものであるが、さらに流速が速くならないように広めに設計されているようである。水路の突き当たりに内湾があり、マリーナとして利用されている。これは最近四、五年間にカリフォルニアで実施されたマリーナの代表的なものである。カリフォルニアではガソリン代の九％の税金が沿岸部のマリーナ施設などに利用されている。このマリーナはサンディエゴ市の許可による分譲方式を採用しており、使用料の一部は市に還元するシステムになっている。

このマリーナはワシントン州にあるベリングハム社により、一九七九～一九八〇年にかけて開発されたものである。マリーナには数百隻のプレジャーボードが保管されており、その内約五五％がヨットで、四五%がモーターボートである。ヨットおよび、モーターボートの保管方法はすべて水域系留であり、陸置による保管はしない。プレジャーボードの保管料は年間一〇〇〇~二〇〇〇ドルである。

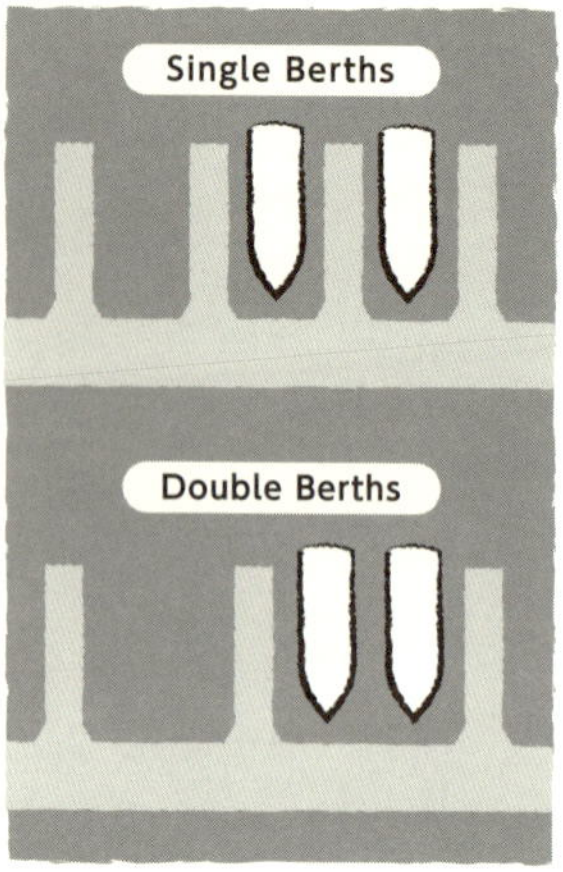


図3　2種類あるボートの係留泊地

Single Berth：一艇を収容するために設計された係留の泊地で、係留された船のおのおののフィンガーフロートからなる泊地である。

Double Berth：二艇を収容するために設計された係留の泊地で、係留された船の片側一方だけのフィンガーフロートからなる泊地である。

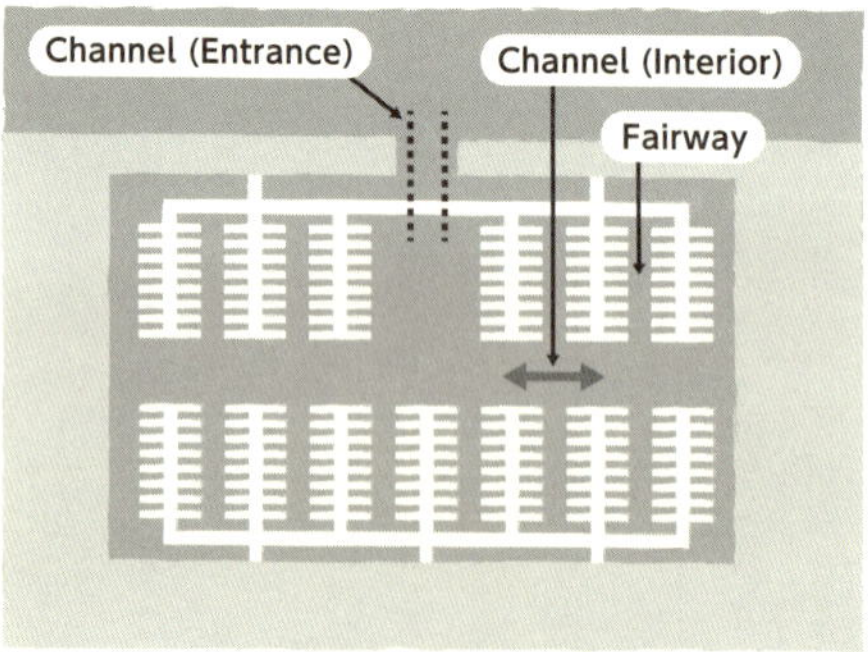


図4　マリーナ内の船の水路

Channel (Entrance)：船が湖、川、湾、外洋等からマリーナ内に入港する、もしくは出港する水路である。

Channel (Interior)：船がマリーナ内で水路の入り口とあらゆるフェアウェイとの間を航行するための水路である。

Fairway：マリーナ内において船が水路内部とおのおのの係留の泊地とを航行するための水路である。

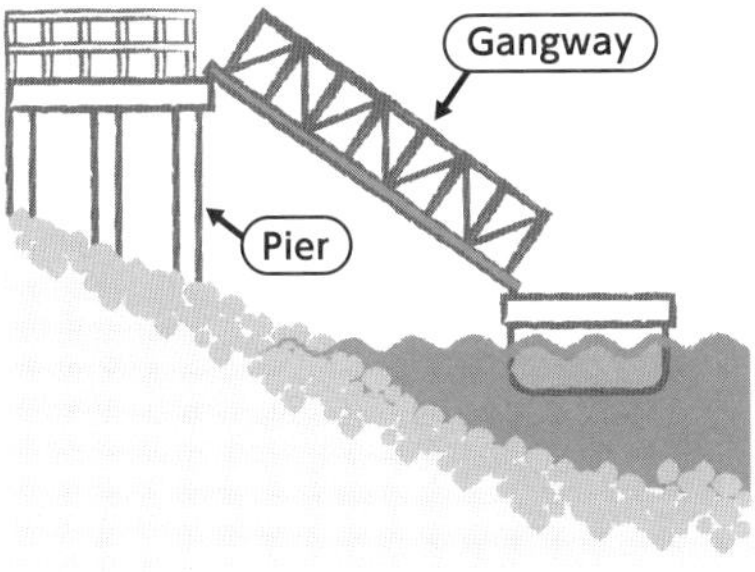


図5　Gangway

Gangway：固定された埠頭または岸壁と浮揚構造物との間を人が通行するためのものでありさまざまな傾斜を有する構造物である。

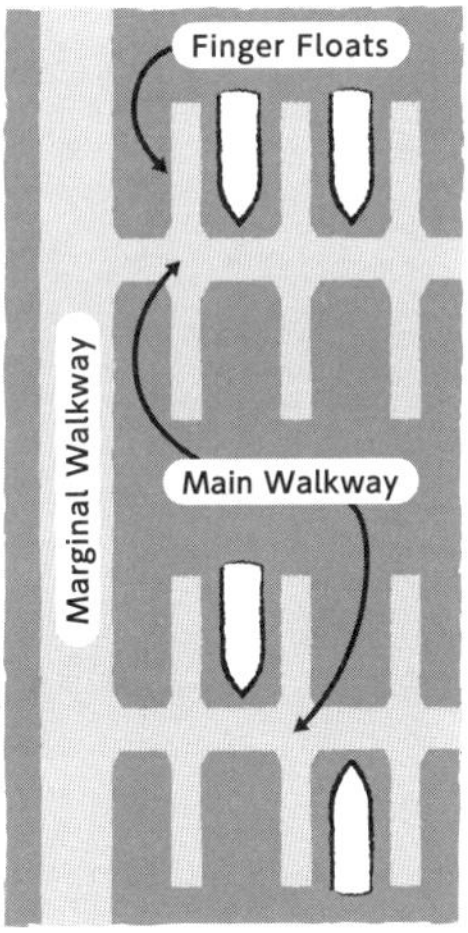


図6　Finger Float

Finger Float：指のように飛び出した浮揚構造物で、通常はメインウォークウェイから垂直に延びている。係留の泊地を物理的に限定し、歩行者が直接係留している船と往来するものである。

Main Walkway：通常はフェアウェイに平行のいくつかのフィンガーフロートが接続している浮揚構造物である。したがって、係留の泊地とマージナルウォークウェイ、または陸とを直接に結ぶ役目をする。

Marginal Walkway：二つ以上のメインウォークウェイと陸との間を人が通行できるようにした浮揚構造物である。

前頁までに図示したのは、「Layout and Design Guidelines for Small Craft Berthing Facilities」に記載されている各施設の用語である。

このマリーナも含め南カリフォルニアに所在するマリーナの九九％にはセキュリティゲートが盗難の保護策として設置されている。ここのマリーナの特徴はコンクリート製ポンツーンとコンクリートパイルとの組み合わせによる浮桟橋である。マリーナ内の水深は約一一〇フィートであるが、場所により一八フィートのところもある。ポンツーンの耐久性はおおよそ二〇年である。ここの浮桟橋を維持できる波高の限界は一フィートと考えられている。ポンツーンの壁厚は一～一・五インチであり、一ブロックのポンツーンはコンクリートの打ち継ぎをしないで製造されている。上載荷重を考慮しない時のポンツーンの乾げんは一四～二〇インチである。形状の相違により乾げんの差を生じるが、ウェイラーという平板で一体化するように工夫されている。このウェイラーには四分の一インチのアングルがボルトで取り付けられている。メインのポンツーンの下には水道管、電線、電話線、ケーブルテレビの入ったパイプが一～四本通っている。工事費は一平方フィート当たり二八～三二ドル（杭は含まない）である。

フィンガーフロートは独立したブロックであり、利用目的に応じて大きさが異なるが設計上からは対象とすることが望ましい。二艇を係留させる場合にはダブルフィンガーとし、フィンガーフロートを一つ節約できる。フィンガーフロートには一フィートごとに直径一インチのプラスチックパイプが貫通している。プラスチックパイプ内には鋼鉄が通っていて、その両端はナットで締め付けられている（プラスチックパイプがなく、鋼鉄だけを通している場合もある）。メインウォークウェイ先端のフィンガーフロートには片方のニーブレスしか取り付けられていないところがあり、そこは波等の外力に耐え切れず損傷することも有り得るので設計上注意を要する。

ニーブレスはフィンガーフロートの両側にあり、メインウォークウェイと接続している。これはフィンガーフロートを支え、さらに storage box や消火器等を置くこともできる。storage box には電源が配線されていて、ボードごとに使用メーターが取り付けられている。そして、夜になると自動的にライトが点くようになっている。

コンクリートパイルは風、波、流れ、衝動力などによる荷重に抵抗し、ポンツーンの配置を維持するために設置されるものであり、すべてのフィンガーフロートの先端に必要である。また、三六フィートを越えるダブルバースへも用いる。パイルは満潮面より上に四フィートの高さがなければならない。杭頭《くいとう》には円錐形のものがかぶせてあるが、これは、鳥の休息を防ぐように工夫されたもので、美観とガイドローラーの機能を維持することを目的としたものである。コンクリートパイルには四角形、八角形、円形のものがある。四角形のパイルは最も安価であるが、施工中に回転することが有り得る。円形のパイルは最も美観に優れているが、しかし、最も高価であり、ガイドローラーと点で接触する。八角形のパイルは遠くから見ると円形パイルのように見えることと、パイルとガイドローラーとが面で接触するという点で円形のパイルと四角形のパイルの両方の特性を有する。

ギャングウェイは干潮のとき、三対一の勾配より急にならないように設計されている。また、ニーブレス上に消火器が七五～一〇〇フィート間隔に設置されている。駐車場のスペースはレストラン、ショッピングなどによる利用も考え合わせて、バース数の六〇％を確保している。

## スクリップス海洋研究所

スクリップス海洋研究所は、カリフォルニア大学サンディエゴ校（ＵＣＳＤ）の海洋部門であり、全世界の海洋科学の調査研究、学生教育そして公共サービスなどを行っている。これらの活動は、約八〇年前から始められ、有名な設備や装置を用いた研究計画や研究業績は、膨大なものとなっている。そして数多い海洋の研究分野の中でも代表とされる研究所であり、今後も益々発展するものと予想される。

研究所は、ＵＣＳＤのキャンパスに隣り合い、太平洋に面して位置し、有名なスクリップス船隊といくつかの調査部門は、約一五マイル離れた Point Loma のサンディエゴ湾に配置されている。研究所のスタッフは約一九〇名の大学院生を含む約一〇〇〇～一一〇〇名であり、研究の全予算は、一九八二～一九八三年実績で約七〇〇〇万ドルであるという。

スクリップス海洋研究所は、一九〇三年、カリフォルニア大学バークレー校の生物学教授 William

E. Ritter によって、生物学の調査研究所として発足した。一九一二年、カリフォルニア大学の傘下となったとき、その重要性を認めた Miss Ellen Browning Scripps と彼女の義兄弟の Edward Willis Scripps（一八五四〜一九二六、アメリカ新聞界の系統紙である Scripps-Howard チェーンの共同経営者）から財政援助を受け、Scripps Institution for Biological Research と命名された。しかし調査研究の分野は、海に係る事象全般であったため、一九二五年、当時の大学評議員らによって現在の Scripps Institution of Oceanography と改名された。

研究所の調査研究の範囲は、生物学上の研究はもちろん、海洋の自然、化学、地質学そして地球物理学の研究に及んでいる。海洋における波や流れ、そして熱の流れについての継続調査も行い、現在二五〇件以上の調査研究計画が立てられている。研究所所長の有名な設備としては、波と流れの実験水槽、海洋調査船、高精密器具そして人工衛星による調査通信システムなどである。また研究所は、スクリップス図書館、スクリップス会館そしてスクリップス水族博物館を所有し、公開している。

実験場前に到着した我々は、R. J. Seymour 氏から実験施設と実測器具についての説明を受け、視察を行い、後に Pier にて、Jacqueline Parker 女史（Director of Public affairs）より、研究所の概要と Pier の説明を受けた。視察した施設は、大まかに、屋内実験設備、現地調査設備そして Pier の三つに分けられる。

屋内実験場は、平面造波水槽、二次元造波水槽、可傾斜水槽そして観測室が配置されている。

二次元造波水槽では、水中に没したドラム缶の往復運動を利用して水を汲み上げるという内容の実験で、波力発電の基礎実験として行われていた。実験は、デモンストレーション的要素が強く感じられたが、この水槽は宙吊りスライドタイプの造波機と木製スリット消波装置が取り付けられていて興味深く覗き込んだ。もう一つの二次元水槽は、一様な勾配の木製スロープが取り付けられ、一端の造波機から造られた不規則波の這い上り高さを測定する実験が行われていた。造波機は、あらゆる不規則波を造波することができ、この実験では、ジョンスワープロタイプの不規則波であるという。将来は、木製スロープの代わりに、移動床で実験を行い、流砂に関する研究を計画しているという。流砂の基本的な実験は、可傾斜水槽（最大傾斜一五度）に砂を敷き、水槽を傾けることにより流れを作り、砂の移動を測定するというものであった。しかし、水槽がFixであるため水圧の影響が現れ、検討を要するものである。

別棟に設置された二成層水路での実験は、温度差発電などの取水パイプの安定性を解析するための研究の一部として行われているもので、上層が熱く下層が冷たい、いわゆる安定二成層流れにおける境界内部波の現象を取り扱ったものである。密度境界層内の乱流計測におけるレーザー流速計の適用性について疑問があったが、一九八五年の日米セミナーで、この成果が発表される予定であると聞き、そのときに期待をかけることとした。

現地調査機器としては、観測用ボートは海底を引きずることにより海底の水準を測定するという圧力計を取り付けた地形測定器である。また、波高《はこう》と波向《はこう》の観測は、圧力計で計測するものである。データは、一日当たり四～八回の間隔で自動計測され、電話回線を利用して送られる。

次に太平洋に突き出た観測用Pierにおいて視察を行った。この木造で古いPierは、来襲波の砕波《さいは》帯沖まで伸びているもので、世界でも数少ないものである。数年前、天皇陛下も見学されたということであるこのPierは、計測機器の検定、浅水域の海底や海浜の移動調査などを行うためのものである。研究所では、充実した施設を用い、基礎的で、時間的に余裕をもった実験、研究が行われ、また国や州そして軍からの莫大な資金援助を得て、広範囲の調査研究を行っているということが印象として残った。

多くの有能な人材や有数の設備を備えたこのスクリップス海洋研究所は、海洋の調査研究において、将来、益々発展するであろう。

## 各所視察

ドラッカーの人脈の広さは半端ではない。初めは経営関係のみだと私流に勝手な判断をしていたが、この数日間の交流でその広さを再認識した。恐れいる。根廻しも実に手際良いし、第一彼の「好寄心」が縦に深く（専門）、幅も広い（他分野）。どの研究所や施設、官庁の人々にも、ドラッカーの名を出し、ドラッカーとの交流が相当永いことを相手に伝えると尊敬され、どこでも丁寧に説明を受け、資料はもとより土産まで渡される所もある。

ハワイとサンディエゴだけの視察兼研究・時々観光・ショッピング・食事などの場合にも敬愛され、まるで日本における権威者待遇であった。「ミッション・ベイ・マリーナ」と「スクリップス海洋研究所」の視察における私見を先に書いたのは、やはり、私自身が土木業界関連の技術者のためか、ついつい忘れないうちにという思いが自然に働いたためである。

訪問先はもとよりドラッカーらの同行者にと思い、「母親の自家製の梅干し」をぎっしり詰め込んだガラス容器一〇個を持参したのが、印象づけになったと思う。最初は独特の味に食した人は戸惑いながらも、徐々に食べるようになったことが、私としてはうれしい。当地の「梅干し」はショーケース(透明ガラスの鍵付き)に陳列され、資生堂の化粧品と同等の高級品としての取り扱いである。これは、アメリカもそうだが、ヨーロッパなども同様であった。

サンディエゴは、カリフォルニア特有の温暖な気候と天然の良港に恵まれた、海洋リゾート地である。また、有数の港運でもある。なお、同所でいただいた資料によると、カリフォルニア大学サンディエゴ校の海洋学部門である研究所は、一九〇三年に創設され、八〇年以上の歴史を有し、当初は、短期の気候に関する鍵は海洋にあるという直観的な考え方から発し、現在では、人工衛星を用いて、リモートセンシングする装置を備えるに至り、ソフトウェアの分野でも、他の追随を許さない実績を上げてきているという。また、研究所が多年にわたり成功してきた重要な点は、研究と教育と社会への貢献とを、広範囲な産業的組織に有効に取り込んだことである。

ハワイと同様、全容を知るには空から見るのが常套《じょうとう》手段。チャーターしていただいた航空機が便利。常に利用されている人も結構おられるようだ。

天空からの一望のこの日は晴天に恵まれ、一行は満足。地上にいる人々は、まるで蟻《あり》のように思われる。視察した先の施設も空から見ると壮大である。おおむね三時間の滞空記録。チャーター料金を支払おうとすると、「ドラッカー師の一行なので頂戴しては失礼にあたる。むしろ、我々の会社としては名誉なのだから」と係員はトップからの指示だと説明をした。

〝相手の好意を素直に受けるのも礼儀〟だとドラッカーはそのとき、我々に説明した。これとて、一理ありだと心より思う。この姿勢は、日本に帰っても守りたい。

観光バスを利用するのも手段としてはあるものの、これはどこの国や地域でも同様に、ルートが限られているため、興味のある場所で時間をじっくりと取ることは不可能である。我々は相談の結果、大型タクシーなのかワゴン車なのか私にはわからない（私は自動車の運転免許証をもっていない）が、とにかく車にて視察。

賑わっている中心街から少し行った郊外にあるカフェテリアに入り、それぞれ好みの食事をする。セルフ・サービス形式で好みの料理を選びチャージ、カウンターで支払う。ドラッカーはドーナツ三個とコーヒーを選ぶ。相変わらずドーナツが好きなようだ。私は野菜、ドーナツ二個、コーヒーを選ぶ。バランスの良い食事をするように心がけてはいるものの、人間とは勝手気ままなものでついつい好きなものを選ぶ傾向がある。ドーナツ一個のサイズは結構大きい。コーヒーも大きなカップ。何でもビッグなサイズだ。体格からすればアメリカ人にとっては、これが常識で普通サイズなのかもしれない。

郊外を見わたすと、草原・畑・そして戸建の邸宅の敷地面積は、一戸当たり三〇〇〇～六〇〇〇㎡もあるように見える。いずれもビッグだ。小一時間走行しただろうか。途中で休憩。四人はタバコを燻《くゆ》らす。全員が同じく買ったのは、ソフトクリームだった。日本に比べてこのソフトクリームもビッグサイズだ。

途中でショッピングをしたい同乗者のために、最寄りのショッピングセンターに立ち寄る。半時ほど待っていると、二人が戻ってくる。シャツと下着を買ったとのこと。〝心身ともに清らか〟、これも大切なことだと他の者は同感。

夕方、ホテルに到着。それぞれの部屋にて一時過ごす。とりあえず会社に電話。国内外問わず、少なくとも一回はグループ会社全体を取りまとめている統括本部長付秘書課長にホウレンソウ（報告・連絡・相談）をする。即決の事柄もあるが、少々検討の余地がある場合はなるべく早く（その日の内）に指示を出す。無駄話は一切しない。冷酷なようだが、これが我がグループ会社の指針の一つでもある。お陰で全役職員はよくわかっているので何らお互いに違和感はない。遊ぶときと働くとき、あるいは休憩時とコミュニケーションなど行動にはメリハリをつける。これも指針の一項に挙げている。

以前、ドラッカーにお会いしたとき、我が社の就業規則と我が社独自のマネジメントシステム（この中に指針や手順書等も入れてある）を検証してもらったことがあり、表現手法などを再度検証し、後日、郵送（和英対訳版）し、いくつかを直し、目下使用している文書類もある。

ホテルの最上階にあるレストランの個室にて夜景を観ながら夕食。食後、一行は「サンディエゴ」に関して視察して学び得たことを取りまとめる件について論議する。各自の報告は自己責任・自己評価をベースとし、ドラッカーに仕上り次第提出することを決議。

それぞれの都合により、今回は明日昼前に別れることとなる。明日は自由行動。私は最年少。他の人は、もし生きているなら私の父くらいの人ばかり。しかも彼らは大学教授やその道のプロばかり。しかし、年少とはいえどもドラッカーが私の存在を認知してくれていたからこそ、今ここにいるのだ。ドラッカーのそうした心遣いに応えなければならない。生涯この出会いを、この絆を大切にしたい。

帰国に際し、すべてのことは前夜のうちに完了。ドラッカーに少しでも教えてほしい。昨夜、部屋に戻る前にドラッカーと約束した時間である八時〇〇分にフロント前に行く。少し遅れて彼は笑顔でもって現れ、カフェ・テーブルに着席し、コーヒーを注文。過去のこと、今回のことなどを互いに語り合う。タイム・スリップしたように感じる。このとき、次のような事柄を教えられ、学び得た。学んだことを実行してみたい。

▼結果（成果）を残せる人間と残せない人間の違いは、時間の有効活用の仕方にある。
▼情報を得たとしても、その情報を上手に使うことが何より大事だ。
▼世に永く使ってもらえる商品は誠に素晴らしい技術の匠である。
▼挫けたときでも我慢第一。放棄はいつでもできる。
▼生きている者は、あの世に旅立った人の分も責務がある。
▼数字は欠くことのできない人間の知恵。数学標榜《ひょうぼう》になるな。
▼自然と謙虚に対峙《たいじ》すること。
▼質の高い成長には、質の高いインフラを……。
▼迷ったときには原点に戻り、問題・課題解決を。
▼人財も技《わざ》も誠に多い日本は、今以上に諸外国に供与せよ。
▼リスク管理はメリットへの管理としての警告である。

※トシオ・ヤマオカが提言した、緻密なスワット分析手法マネジメントシステムを、大いに使う組織が現れるだろう。私もこれを使ってみよう。世に広げていきたい。

▼「大胆かつ繊細」なプロセス管理には「即断・即決」も必要である。

▼約束したことを守らない人は何度も約束事を反古《ほご》にする習性がある。このような人とは関わるな。
▼「Macro と Micro」、同じ〝M〟の頭文字でさえ大きな違いがある。
▼「有限と無限」の〝限〟は同じであるが〝有・無〟の違いは明白である。
▼怠惰な生活に溺れた人を救い出せる人になれ。
▼個々の魅力の結晶が組織の魅力であり、世の人々はそれに気づくだろう。

ドラッカーは私が名刺に記した以下の理念などに感銘するといってくれた。

※ドラッカーが文章にした紙数枚を私に示されたものより抜粋（以下の文章には、ドラッカーや父や先人らに教え、諭されたことも含まれている）。

## 一　私の理念

①負けてはならぬ、たえず勝とう（小学一年四月）
②真実・努力・責任（中学一年四月）
③人は宝、人は財産（高校一年四月）
④社会への貢献（大学一年四月）
⑤社員なれども経営者（社会人として入社した四月）

⑥知育・徳育・体育（経営者として創業独立した四月）

## 二　私の知恵

①頭に入れた知識はドロボーだって盗めない
②紙一枚盗んでもドロボーに違いない
③貧しくとも生きている喜びを噛み締めよ
④何かのトップを目指す
⑤首から上は特に大事
⑥一般教養科目は人間の幅を広げる
⑦戦争なんてやったところで何も得るものはない
⑧各国がバラバラの経営システムでは、地球は滅びる
⑨いつの日か世界共通のマネジメントシステムを確立しなくてはならない

## 三　今後について

①ヒト・モノ・カネ・情報・環境・インフラ等、各国共通のことは守ると同時にそれぞれの国になくてはならない要素も取り入れて、地球に生存するすべてが幸せになるような仕組み、す

なわちマネジメントシステムを構築し、「官・学・民」問わず実践すべきだ。
②思案する時間は無駄である。とにかく実践してみることが先決である。
③モノの遺産も重要であるが、ヒトの遺産はもっと大切である。
④「あきらめること」はいつでもできる。追究することの方がもっと大事だ。
⑤成し遂げた感動を皆で分かち合う。組織力とはさらにそのステップアップ。
⑥桜は散るものの、また芽が出て花を咲かせる。人の成長も同様である。
⑦逆境なればこそチャンスである。組織のビッグなチャンスとして取り組もう。
⑧持続的成長の証しは、「創業〇〇年」たる組織力以外の何ものでもない。
⑨知的財産は、組織および個人にとって、多大なる財産である。

表13　創業300年以上の企業数

| 国　名 | 日本 | ドイツ | オーストリア | イギリス | スイス | イタリア |
|---|---|---|---|---|---|---|
| 創業300年以上の企業数（社） | 520 | 186 | 44 | 39 | 37 | 28 |
| 構成比（%） | 53.1 | 19.0 | 4.5 | 4.0 | 3.8 | 2.9 |

| 国　名 | フランス | オランダ | 他欧州 | 米国 | 中国 | 他 | 合計 |
|---|---|---|---|---|---|---|---|
| 創業300年以上の企業数（社） | 26 | 22 | 53 | 11 | 11 | 2 | 980 |
| 構成比（%） | 2.7 | 2.2 | 5.4 | 1.1 | 1.1 | 0.2 | 100 |

ウィキペディアの老舗企業一覧より

⑩「和と協力」をじっくり説けば、やがて人びとは気づくだろう。
⑪血縁より恩師の教えは強力な力となろう。
⑫「門戸を開け、心を広く」とそのとき、彼らは君に寄り添い従うだろう。
⑬次から次へ前進せよ。きっと良い成果を神々は君に与え下さることだろう。
⑭反省点に自ら気づけばともに聞き、自分なりに一味も二味も加えてこそ実りがある。
⑮Neutralこそ動機があり、我が知識とせよ。
⑯豊富な知やモノの財産を社会（国際的）に利活用せよ。資源運用の有効活用である。
⑰たとえ知識の財産が多くあっても、経験を積まなければ真なる財産とはならない。
⑱スタンディング・オベーション（総立ちの拍手）で迎えるとは、組織でありのままで話すと共有できる。
⑲さまざまなランキングの中にはマユツバものの偽作もある。国策や調査機関の同輩のために企《たくら》みが裏で動いている。注文（依頼）があっても斥けるな。企みの良策を指導せよ。
⑳唯、いるだけでは、その人の存在感はない。
㉑自分を追い込み、ひたすらに探求しよう。
㉒目標はレベルアップのためにある。ならば目標値は少なくとも一二〇%に設定すること。
㉓「スワット分析」は事業の持続的成長の要である。故に、組織内・顧客・協力会社及びその他

の利害関係者の協力を得て分析すること。

㉔「スワット分析」の結果に基づき、方針・目標・計画・運用・評価……を実行し、継続的改善をしてこそ価値がある。

㉕事業プロセスとマネジメントシステムを統合し、運用管理すれば「儲ける」ためのＩＳＯとなる。

# 一一章　アメリカにて調査報告の意見を伺う

――一九八五（昭和六〇）年

## 海外調査団報告書

一九八四（昭和五九）年一〇月七日〜同一〇月二一日にかけて、社団法人土木学会主催の第一三回土木技術者のための海外調査（アメリカ合衆国）団の一員（橋梁・都市計画部門の班長）として、カリフォルニア州を始め、全六州の視察調査を行った。米国本土、ハワイ、欧州諸国、日本では、大少おおざっぱではあるが字数制限があるため、報告書としてはこの手法しかなかった。

この報告書の妥当性確認をドラッカーに依頼したのだが、七五歳とは思えないほど元気溌剌なドラッカーは、快く私の要望に応じてくれた。日本の大学では名誉教授の称号はいただけるものの、講義はしない。たとえ講義をしたとしても報酬はなしか、あったとしてもごくわずかだと聞く。アメリカでは大学にもよるが、一年ごとの契約で正当なる年俸が支給される。ドラッカーもその一人である。教授室・研究室も教授時代とまったく変わらず与えられていた。

限られた日程による調査でもあり、またすべての州を視察した訳でもない。ドラッカーは世界各国、アメリカ各州を視察しているし、各地、各国より大学生、大学院生がクレアモント大学に留学生が参画しており、それぞれの国や州のことも知る機会が多い。

都市基盤整備比較の評価を現状により近い内容にしたいがために意見を伺う。すなわち、評価の妥当性確認が、今度の面談の大きな目的である。

訪問した時期（六月初旬）が、秋学期と春学期の狭間（六〜八月）であったので、大学に着くと、教職員や学生の姿はあまり見られない。

とはいうものの、ある大教室からは、大勢の学生の姿が窓越しではあるが見える。二十数年前、留学していたときに面識のあったマネジメント学の男性は、今ではドラッカーの意志を継ぐ立派な教授として勤めている。名前は忘れたが、その教授の案内でドラッカーの部屋に到着し、すでに国際便で報告書案を送ってあったので、二人の教授（ドラッカーとその教え子である教授）から朱色にて、ところどころに加筆・訂正の書面（報告書に記載もしくは別紙）をいただき、それぞれの加筆・訂正の訳について説明してくださった。

妥当性確認は二人だけでは心許《こころもと》ない。そこで考えたのが、あらゆる所から来ている大学生・大学院生に協力願ったとのこと。妥当性確認はマネジメント学においても役立つので、彼らにとっても有益である。かなり積極的に取り組んでくれた様子が思い出される。

二人の教授と学生たちに謝意を述べたかったが、休暇期間ながら、帰国せずそのまま大学周辺に居住している学生五〜七人が別の研究室に待機しているので、是非会ってくださいとのことで、急いでその部屋に行き面談する。

その内の一人は灘高（兵庫県）から東大、そして大学院生として本校で学ぶ内田直樹君。少々顔色が悪いものの学問を究める姿勢はうかがえる。彼は、〝久しぶりに関西弁を聞けた〟と破顔一笑した。

久しぶりに日本人に会えたと喜ぶ彼と、このまま別れるのは忍びない。少々遅いが食事に誘い二人で昼食をともにする。彼は食欲旺盛。〝何でも好きなものを選びたくさん食べていいよ。支払いは私がするから遠慮せずどうぞ〟と言うと、〝してやったり〟の表情。未来に期待のもてる青年は頼もしい。帰国後は外務省を目指すとのこと。夢が叶う寸前、空港に行く途中で交通事故に遭遇し、あの世の人となったことを後年、彼の親からの手紙で知る。人の運命とはわからないものだ。少し遅れたが、宝塚市内にある実家を訪ね、ご両親に案内してもらい、墓前にて拝む。幸い弟がいて、この弟が兄の遺志を継ぎ、同じ道を目指すといっていた。姉はすでに結婚をして、高校の教師となっている。ご両親もどちらかというと勉学派。元高校教師の奥様と兵庫のとある大学の教授であった。

さて、いずれにせよ、訪米即帰国は失礼。私からお願いをし、ドラッカーと教授および大学院生二人と会食する。教授の助手が手配してくださった場所は、奇しくも私が泊まるホテルであった。デザートが出た後、ラウンジにてドラッカーが目指すマネジメントシステム化について教えていただく。その教えに少々手を加えて、各種プロセスシートや各種運用のための帳票様式の三次案の論議の花を咲かせる。こういうマネジメントシステムに関しては、全員の興味が一致するものである。なんと、終わってみれば約三時間も要し、ラウンジを出たのが夜の一一時頃。一〇時で閉めるラウンジの支配人にお願いして一時間ばかり延長してもらった。当然、チップを少し多めに手渡したのだが、その効果があったようだ。活きたお金となる。

本書をまとめるに際し、プロセスシートも帳票様式も品質・環境が上位構造（附属書）に合わせた要求事項となった（二〇一五年版）今日に役立てるべく、再度、是正・検証・妥当性確認済みの資料を別の機会に公開する。こうした地道な努力の積み重ねにより、プロセスシートや帳票が誕生する苦労を応用する人は知っていただきたい。デミングやドラッカーを始めあらゆる人々の手により完成した資料であることも認識していただきたい。

## 都市基盤整備比較（報告書）

一昨年の海外調査団の参加に引き続き、今回の調査団参加に際して関係者の方々がどのように解釈されるかと思うと、いささか心苦しい私だったが訳あっての参加ゆえお許し願った。言い訳のようだが、技術的見地での米国視察は初めてであり、もう一点は息子が学問のためにどうしても参加したいと言っていたこと。さらに国際河川博覧会がミシシッピー川を前に開催しているとのこともあり参加させていただいた。

東京シティ・エア・ターミナルの二階、ホリディ・ロビーにおいて結団式を実施。九月二二日四ツ谷のレストラン・エコーの二階で説明会ならびに結団式が先に開催されたが、業務等の都合上、出席されなかった方々を始め、急遽参加申し込みをされた井川・柄沢の両氏を交え、改めて出発当日自己紹介を兼ねて諸々説明とともに結団式が開催された。第一二回の調査団参加時の帰国に際し、お世話願った近畿日本ツーリスト㈱の木部春樹氏が大変好評だった故、次回もぜひ同一の形式で、という土木学会本部と当時の参加者の意思が通じたようで、同社の佐藤一洋氏に面倒をみてもらった。関係諸団体主催の国際河川博覧会を中心とするツアーを、今年はすでに参加されたかどうかわからないが、今回の参加員数は総勢一七名と定員より少なかったようで、少数部隊でかえって私の予想以上のコミュニケーションが計れたかと帰国後感じた次第。

京都から出発する私にとって、関係会社等が一〇月五日に壮行会（出席者三三名）を催していただき、さらに一〇月七日、新幹線京都駅ホームには見送りに（六名）来ていただいた。これからの一五日間の旅は、視察もさることながら、帰国時の土産品をそれぞれの方々に何を渡そうかあれこれ考えていることが多かった道中だった。

さて、第一視察訪問先のサンフランシスコを始め、大別して八か所、六州を一五日間（正味一三日間）の駆け足視察と相成った次第で、土木関係技術者として高度で広範囲の報告内容は到底無理であり、また当報告書が従来の型式にこだわらず、自由に感想文にまとめることで今回の報告書とするよう服部団長と班長会議で決議された。私は誌面の許す限り（事務局通達では最大一五枚とのこと）気楽に報告するが、あくまで私の感じたままを簡単に比較表（表14～17）をもって報告する。なお、比較表は一昨年のヨーロッパ（西ドイツ・フランス・イギリス）方面と今回のアメリカ本土とハワイ諸島、さらに日本（私の生活圏が中心となろうかと思う）との四か所の比較諸表とする。

## 人・生活・土木

人・生活・土木の三項目に関して次のように比較表でまとめた。しかし、これはあくまで私見ゆえご了承願いたい。また同行参加者の方を始め、実態をすでに知っておられる諸兄は、それなりにご批判を願えばよいかと思う。西ドイツ・フランス・イギリスを欧州諸国としてまとめた所や、アメリカ本土として一括した件は多少無理もあり、さらにハワイにおいてもホノルル、コナ、ヒロを一地区とした点について（日本とて同様）も、表としてまとめあげた今となっては比較条件にかなり無理があったことを深く反省している。

各国内でも都市によっても当然比較差が生じるが、読者の深いご理解を願う。しかしながら、まずそれぞれの国の人間性を知ることから出発し、生活環境の実態・風土・風習等も学ぶべき事項があったように思う。土木技術そのものが人間生活にどう活かされているか。また、創られた施設構造物に如何に溶け込んでいるかは興味深いところだった。結局、どれほど立派な技術をもって企画・設計・施工されようとも、そこに住む人、訪れる人に快適な生活の場として役立たなくてはその作品は無用のものになろうかと考える。

表14　人のこと

| 着眼事項 | 米国本土 | ハワイ | 欧州諸国 | 日本 |
|---|---|---|---|---|
| 労働意欲はあるか | まあまあ 6 | ある 9 | ある方 7 | 言う程無 8 |
| 仕事量はあるか | 少ない 4 | ある方 7 | ありそう 5 | まあまあ 7 |
| 人情味はあるか | ある 8 | 少しある 6 | ある方 7 | 少しある 5 |
| 知識は豊富か | 普通 6 | 普通 6 | まあまあ 7 | ある 9 |
| 真実性はあるか | ある 8 | 少ない 4 | ある方 6 | 少しある 5 |
| 努力をするか | 少しする 5 | する方 8 | まあまあ 6 | する方 8 |
| 責任感はあるか | 少しある 5 | 少ない 4 | ありそう 6 | まあまあ 7 |
| 物を大切にするか | まあまあ 6 | する方 8 | する方 8 | 少しする 4 |
| 虚栄心はあるか | ない方 8 | 少ない 9 | ある方 4 | 少しある 6 |

表15　生活のこと

| 着眼事項 | 米国本土 | ハワイ | 欧州諸国 | 日本 |
|---|---|---|---|---|
| たばこの価格 | よい 9 | 高い方 5 | 高い 4 | よい方 7 |
| ガソリン代 | 安い方 8 | まあまあ 6 | まあまあ 7 | やや高い 5 |
| 水道料金 | 安い方 7 | 高い 4 | やや高い 5 | まあまあ 6 |
| ミネラルウォーター代 | やや高い 5 | 高い 1 | 少し高い 4 | 安い方 8 |
| タクシー代 | 安い方 7 | やや高い 5 | まあまあ 6 | 少し高い 4 |
| バス・地下鉄代 | 安い方 7 | まあまあ 6 | やや安い 8 | 高い 3 |
| 高速道路代 | 安い 8 | 安い方 7 | 安い 9 | 高い 3 |
| 博物館等入場料 | ある方 6 | ある方 6 | 一部あり 9 | あり 4 |
| 食事内容 | まあまあ 7 | ややよい 6 | まあまあ 7 | よい 9 |
| 食事時間の重要度 | まあまあ 7 | ある方 6 | ある 8 | 短い 4 |
| 衛生的か | 少し悪い 6 | やや悪い 5 | 少し悪い 6 | 良い方 8 |
| 保安態勢は（風紀） | やや悪い 4 | まあまあ 6 | やや悪い 5 | 良い 9 |
| 街の広告は（美観） | まあまあ 6 | 悪い方 5 | やや良い 8 | 悪い 3 |
| 電話設備および料金 | 少し悪い 5 | 良い方 6 | 良い方 7 | 少し悪い 4 |
| 自然保護は | まあまあ 6 | 良い方 7 | 大変良い 9 | 少し悪い 5 |

表16　土木のこと

| 着眼事項 | 米国本土 | ハワイ | 欧州諸国 | 日本 |
|---|---|---|---|---|
| 交通規則は厳しいか | あまい方<br>8 | 少しあり<br>6 | 少しあり<br>7 | 厳しい<br>3 |
| 交通量は | まあまあ<br>6 | 多い方<br>5 | まあまあ<br>6 | 多い<br>2 |
| 道路全体の整備は | 良い<br>8 | 良い方<br>6 | 良い<br>8 | 少し悪い<br>5 |
| 街路施設（信号照明） | 良い<br>8 | 少し悪い<br>5 | 良い方<br>7 | 多い位<br>8 |
| 街路施設（ごみ箱） | まあまあ<br>6 | やや少い<br>5 | 良い<br>8 | 少ない<br>4 |
| 街路施設（標示板） | よい方<br>7 | 少し不明<br>5 | 普通<br>6 | 多い位<br>8 |
| 歩道施設は | 良い方<br>8 | やや良い<br>7 | 良い方<br>8 | 不整備<br>4 |
| 道路形態は | 良い<br>8 | 少し悪い<br>5 | やや良い<br>6 | 良い方<br>7 |
| 街の美観は | やや良い<br>6 | 少し悪い<br>5 | 良い方<br>7 | 悪い方<br>4 |
| 電気・電話線は | 併用方式<br>7 | 地上方式<br>5 | 地下方式<br>10 | 地上方式<br>4 |
| 街路の植樹植栽は | やや良い<br>7 | 普通<br>6 | 大変良い<br>9 | 少ない<br>5 |
| 主要駅前整備は | よい<br>8 | 少し悪い<br>6 | やや悪い<br>5 | 良い方<br>7 |
| 道路交通（タクシー） | やや悪い<br>4 | まあまあ<br>6 | やや良い<br>7 | 良い<br>8 |
| 道路交通（バス） | 少し悪い<br>5 | 少し悪い<br>5 | まあまあ<br>6 | 良い<br>8 |
| 鉄道交通（地下鉄） | よくない<br>3 | ― | まあまあ<br>6 | 大変良い<br>9 |
| 鉄道交通（国鉄）<br>但し在来線 | まあまあ | ― | 良い方 | 少し悪い |
| 河川の整備 | 良い方<br>7 | 良い方<br>7 | 良い<br>8 | 悪い<br>5 |
| 河川の水質 | まあまあ<br>6 | 少し悪い<br>5 | 悪い<br>4 | 大変良い<br>8 |
| 施工技術 | 良い方<br>8 | まあまあ<br>6 | まあまあ<br>6 | 大変良い<br>10 |

表17　人・生活・土木（明日へのしるべ）

| 比較事項 | 米国本土 | ハワイ | 欧州諸国 | 日本 |
|---|---|---|---|---|
| 人 | 6 | 7 | 6 | 7 |
| 生活 | 7 | 5 | 7 | 5 |
| 土木 | 7 | 6 | 7 | 6 |
| 総合評価 | 7 | 6 | 7 | 6 |

注：各表の点数は一項目10点満点として評価

## 日本が学ぶところ

（一）〝人について〟より

確かに我が国でも人情味はあるが、それは昔のことのように思われる。経済的に恵まれたあまり、物や人の大切さを今や日本人は忘れかけようとしている。そればかりではなく、マイホーム型人間になったためか、自分を良く見られたいのか、虚栄心が先走っているようにも思う。

（二）〝生活のこと〟より

合衆国であるが故か、商品価格が各州において異なることはやむを得ないが、余程の道路でない限り有料道路でないことは事実。また、入場料などもヨーロッパほどではないが、徴収されないか、支払ってもごくわずかな金額である。日本茶のつもりか、コーヒーはいくらおかわりをしても最初の一回分の料金。特に自然を守る心遣いも学ぶべき。

（三）〝土木のこと〟より

国土の広さの関係や、国の歴史の関係もあると思われるが、街づくりは合理的になされている。道路計画において言えば、たとえば今日必要とされる道路用地幅が五〇mとするときは、その二～三倍の用地確保を行う。下水道計画においては、自然保護を考慮した用水路計画を同時に実施している。都会内におけるごみ収集のために地下内に施設を設け、歩道部分に立坑を設けて取り出し口を設置。リゾート施設では家族全員が楽しめるようあらゆる施設を配慮していた。

## おわりに一言

衣・食・住と人・物・金などを総合的に比較判断すれば、現代の日本は最も良いように結果的には思われるが、豊かになり過ぎた日本では今必要とされるのは長期計画による施設設定と同時に、あるべき人間像が今一つ必要かと考えざるを得ない。人・生活・土木の大項目の総括表による報告とするが、ご批判のほどよろしく。

なお、報告書をまとめるに際し、ドラッカー名誉教授を始め、ニューヨーク大学の教授並び学生諸氏に協力をいただいた。ここに御礼を申し上げる。

# 一二章　経営管理システムの体系化を目指し、論議と講演

——一九八八（昭和六三）年

## 再びデミング、ドラッカーに会う

デミング八八歳、ドラッカー七八歳、私五〇歳、三人合わせて二一六歳。

二人から比べると私はまだまだ若い。これからも二人の意志を継ぎ、世に広めていきたい。思い立ったが吉日。手紙と電話でやりとり。ドラッカーからまもなくしてOK！の返事が来た。

自分の考えたプロセスシートや、各種の運用のために役立つ帳票様式を国際便にて、デミングとドラッカー宛に送る。これらの文書は、今まで何回も改訂してきたものである。

クレアモント大学の指定された研究室に入ると、デミングが他の教授らしき人と大学院生を含む五人とでテーブルを囲み議論していた。この研究室は確か、かつてドラッカーが使用していた部屋なので自分が間違って入ったのかと思い、一人の教授に聞くと「間違いではない。ドラッカー名誉教授の研究室です（ドラッカー退職後もこの研究室は自由に使うことが許されていた）。間もなく戻ってこられるので、この部屋で我々とともにお待ちください」ということだったので、同席する。

デミングが私を同席者に紹介してくれた。声は以前よりむしろ若さを感じる。ときどきドラッカーらに会い大学に来るとのこと。「大学に来て、若い教授や学生たちと話していると何かしら自然と元気が自分に移るような気がしてならない。歩いて、頭も使い、しかも若人《わこうど》と会って話すことが元気の秘訣で若さも保たれるのかもしれない……」と応えるデミングである。

一〇分くらい経過した頃、ドラッカーが何やら書類をたくさん抱えて研究室に入って来る。足どりも良いし、姿勢にも何ら老いを感じさせない。デミングと一緒である。若い人々に囲まれている一時が若さを保つのだろう。

おおむね一五〇分くらいかけて、三人だけで、すでに送付してある文書類をベースにあれやこれやと議論しあう。そこかしこに訂正・加筆した作品が完成する。別の教授に完成した文書類を即座に仕上げるよう、ドラッカーが指示した。

## デミングとドラッカーの教え

文書類が仕上がるまでの間、三人で談話。談話といえども、やはりマネジメントに関連する話の場となる。心底、経営管理が好きな仲間（？）たちが集う研究室なのだろうと想像する。書棚やデスクなどを眺めても経営学に関わる図書がほとんどである。貴重なデータは鍵付きのロッカーや引き出しで保管しているとのこと。書棚の図書は、研究室に許可を得て入った人は自由に読むことができる。ただし持ち出しや複写は禁止などのルールが記載してある。ファイルが入り口のカウンターに置かれている。研究室の入り口（ドア）の鍵は、ドラッカーとその弟子に当たる一人の教授のみ持っているとの説明。文書管理は識別などを含め完璧だ。

## デミングの諭し

▼方針・目的・目標などに合致した統計をいかに多く、速やかに、正確に集めるか。

▼集積したデータの数は多ければ多いほど、価値がある。

▼民の声をすべて掌握するのは不可能に近い。その方法として誰でもわかっているだろうが、年齢・性別・地域・地位など、なるべく多岐にわたって配慮し、集めることで、近似値に近づくだろう。

※統計への誤差を少なくするには、π（円周率）を想い浮かべるとよい。πは、3.14159……と無限に続く。今仮に、3.1416とするならば、誤差は0.0001より小さいこととなる。

▼有識者だからといって信じてはいけない。彼が民意を取り入れているのか、彼個人の意見なのか確かめてから、対応しなければならない。

▼統計の手法はいくつもある。どれが正しいのかは言求しないが、グラフや表、または短文で箇条書なら一瞬でわかるような表現が誠に良いと思う。

▼責任が重いほど、人間は頑張る意力が湧いてくる。

▼積み重ねた努力に嘘はなく世は認めるだろう。

▼歴史は嘘をつかない。家庭内の円満は働く人に力を与える。

▼多技多才が経営者になる第一条件である。

▼学問は活かしてこそ価値がある。培ったマネジメントを他の組織と競い合い実践することにより、自組織は自然と成長するだろう。

デミングがボードに要点を書きながら、滔々《とうとう》と自己の意見を述べる姿には、現役時代と何ら変わらないどころか、むしろ輝きさえ感じた。

## ドラッカーの教え

▼「何を言わずともできる人は天才、一度言えばできる人（打てば響く人）は秀才、二回同じことを言ってできる人は凡人（普通の人）、三回同じことを言ってやっとわかる人は在人（ただの人）、何度言ってもわからない人は済人」と思う。少なくとも、在人や済人と交流するのはまったく時間のムダである。

▼ビジネスのターゲットはクライアントであり、それを自ら得るのが匠の技である。働いた結果の副産物が利益である。

▼たとえ口約束でも契約である。よって軽はずみに約束をしていると、信用をなくす。

▼「○○○について、その内に……」これはまったく行動なき行動である。「期限を守る。期限より早く行う」ことが最も人間らしい。

▼今日の友は、明日の敵。したがって、自ら歩み続けることで敵（競争相手）を敵とも思わなくなるだろう。

▼ヴィルフレート・パレートやジョン・メイナード・ケインズ（略称、パレート、ケインズと呼ぶ）の経済学、孔子の論語や二宮尊徳の思想を以て、今我々が存在している。これらを伝承するのが我々の指命である。

▼一方的な教えは相手の心には残りはしない。〝共に学ぼう〟という姿勢こそ大切だと私は思う。だから、学生とのワーキングショップをたびたび実施するのだ。組織経営にも、ときには取り入れるとよい。第一、コミュニケーション力がバツグンにつくと思う。

▼人を育ててこそ良いものが生まれる。そのために職業改善プログラムが必要なのだ。

▼経営を全うするためにマネジメントが重要である、品質というものが良くなる。

▼経営者と労働者は協働することにより、良い製品が作れる。常に継続し改善も行うこと。

## 私の心意

経営者となって私も二〇年以上経過した。デミングとドラッカーから私にも経営にまつわることを述べるよう勧められた。そのとき、話したのが次の事柄であった。

①トップマネジメントの使命はイノベーションにあり。

②人と人との結束が組織の力となる。この力を出すには個人個人の力量を高めること。それが組織全体の知識となり、良い方向に進むだろう。

③学ぶことは大切。だが、学んだことを実践し、活用してこそ学んだ価値がある。

④プランは誰もが立てられるが、計画どおり実行されなければ、絵に書いた餅に過ぎない。

⑤時間とは人が行動するための貴重な資源である。時間活用の仕方次第でトップにもなればビリにもなる。

⑥「顧客に優しく、己れに厳しく」。この心得が企業の価値・判断につながると思う。

⑦スキルは自分自身のために欠くことのできない要素である。

⑧孔子の論語と尊徳の倫理を心得て、経営管理に身を注げば戦略的経営の発想も湧いてくる。

⑨会社はトップマネジメントで大いに変わる。どれほど有能な部下がいたとしても、トップの姿勢で左右される。同業者は何も語らず、ひそかに影で嘲笑《せせらわら》っているだろう。心得ねばならない。

## 完成したプロセスシートと帳票様式

訂正・加筆などの部分を三人は妥当かどうかチェック（妥当性確認）を、一枚ごと、順繰りに廻して行う。トリプルチェックの連続。

五十数枚のシートを確認する作業に一時間ばかりかかった。内、三枚に完成されていない所を発見。

別の教授（準教授）に研究室に来てもらい、即座に訂正していただき、必要部数（三部）をコピーしていただく。

二七枚のプロセスシートは経営管理で大切な要素を凝縮満載してあるものの、各プロセスを時系列に沿って読み取り可能な内容とした。

プロセスシート一枚には、インプット・アウトプットおよびドラッカーや先人の教訓と私ども三人で考えた〝一言進言〟の諭しも欲張って加筆した。

デミングの教訓も記載したいと言ってはみたが、彼は、ドラッカーと君の諭しに重複する文言が多いので……と遠慮されたので、一部分のプロセスシートに記載するとともに、重複部分は〝一言進言〟に記載して良いと了解された。今度のプロセスシート改訂にあわせて加筆・訂正を行った。

今のところはこれで十分だが、時代とともに変化するので、このシートを活かしながら〝カイゼン〟して行くことの必要性を両氏が述べられ、その意志を受け継ぎ、文書には、マネジメントシステムの柱となるＩＳＯ９００１：２０１５（品質マネジメントシステム—要求事項）の箇条番号も加筆してある。

組織自らの教育に応用するのも組織全体の知識向上になるものと期待する。デミングもドラッカーもそのことをあの世で願っていると思うと同時に、私どもの相棒（組織）は活用している。

また、約三〇枚の帳票様式のシートを大別すると、「マネジメントシステムの初期導入のときに、コンサルティングの立場から、依頼先の組織の能力を知るため」のシート（一〇枚ほど）と「組織がマネジメントシステムの要求事項にしたがって作成したマニュアルなどの運用活動のため」のシート（二〇枚ほど）が含まれている。

なお、それぞれのシートの活用を強要するものではないものの、万一、使用する場合は無断での複写・転写による使用は禁止している。言うまでもないが、著作権法に違反するのみならず、当方に断りなく使用されたときに発生する事象として、組織や顧客およびあらゆる利害関係者にリスクが生じる可能性を有するためである。

上記のことは、デミングとドラッカーと私の共有する知的財産に相当するものであることを互いに認識し、今日に至っている。

これらのプロセスシートや帳票様式を使用したい場合は、我々の組織である「にほんそうけんコンサルタント（二〇一六年四月現在、一〇名のスタッフ）」にコンサルティング依頼、もしくは了解確認の後、取り組まなければならない。

## 特別講演に備えて

久しぶりの海外での休日。手持ちぶさたといえばそれまでだが、ガイドブックと英日対訳の用語集をリュックに入れて、カリフォルニア州クレアモント大学近郊で一人ブラブラと散策する。

経営者になってからは、一日中何もない日は一度もなかったように思う。幸い、青空で日差しが強いものの、時折吹いてくる微風《そよかぜ》が心地良い。

前日は、マネジメントに関わることばかりで無我夢中であったが故に少しばかりホッとし、気が抜けた感じ。

だから余計に、一人で過ごす一日が何となく楽しい。

一日あれば何かを学べば良いのに……と思う心と裏腹に、いつ訪れるかわからないたった一人の時間を存分に活かしたい。わずか数年。されど数年。以前訪米した頃からすると随分と変わった地域と、何も変わらない地域もある。さて、なぜ一日一人の時間があるのか……。答えは簡単。現地に来る前に「機会があれば、大学で講演をしていただくかもしれない」との連絡を受けていたが、昨日二人と別れるとき、「明後日、経営管理に関する公開講座を一三〜二〇時（休憩時間は担当講師の自由判断でよい）にデミング氏と私とトシオ・ヤマオカ三名のリレー講演（講座）として開催するのでよろしく」と、ドラッカーからすでに聞いている。デミング氏は、退職後はほとんど大学に来られないし、また、トシオ・ヤマオカも日本から我が大学に来る機会はなかなかないと思うので特別講演（三名）とパネルディスカッション（パネラー）の四部構成を計画している。学長・教授・準教授・助手・大学生・大学院生そして肝心な出席者は地域の企業の経営者・その従業員および地域の人々である。学長の同意もある」とのこと。断る理由は何もない。またとない機会。二つ返事で了解したのが昨日である。このような理由で、一日一人の自由な時間が与えられたような次第。

これも何かの出会いであり、何かしらのご縁である。

## 講演会場にて

当日、会場に着いて思ったが、透明硝子のはめられた講師の控室が見える受付は、随分ユニークな型式である。ただ、硝子といえども出席者側からは我々三人の姿はまったく見えないようになっている。受付の担当者は三人。左側から列をなした出席者は姓名と住所・職業・性別などを書くか、もしくは名刺を置き、名札に自ら姓名を記入し、それを直ちに左胸に付け、同時に何かの区分を示すリボンも左腕の上の方にクリップで付ける。次に、我々講師の名刺から希望する一人の名刺を一枚のみ手渡されるとともに、出席者本人の名刺を三枚係員に手渡す。三番目の受付担当者の所で、本日の資料が渡される。カメラや録音テープ類を持参している人がいないか、受付で本人の荷物とともにボディーチェックがなされて、ようやく会場に入る。合理化と今日でいうプライバシー保護のためかもしれない。受付スタイルは一風変わった型式である。なお、出席は事前申し込みのみで、たとえ報道陣とて同じ扱いの様子。

その後、大講堂とまではとはいえないが、おおむね五〇〇名程収容可能な教室に我々三人は案内され、壇上横にある講師用に準備された長机に案内され着席する。

司会者（女性）から本日の主旨と我々三人のプロフィールと演題の説明と、万一に備えての注意事項、並びに時折入れる休憩時間は講師の判断により行う等々の紹介と、また長丁場ではあるものの、最後にパネルディスカッションの時間を設けているので、質問などはその際受け付けることが説明された。

この間、すでに一五分くらいが経過している。

スタンドマイクが都合六本も用意されている（ワイヤレスマイクのない時代だったかもしれない）。スタンドマイクのコードは結構長いのが目立つ。黒板もスライドなどもない。教室では、飲みものは持ち込み可能だが、食べ物およびタバコは禁止。私語も禁止、帽子を被るのも禁止、サングラスも禁止等々を、改めて男性の司会者が注意事項として伝える。あっと言う間に三〇分も経過。

すぐにでもデミング氏からの講演が始まるものと思いきや、一五分ほどの休憩となる。事務方は何かと準備多忙。

## 特別講演概要

### 組織力を発揮する戦略的経営……デミング

マネジメントシステムがなぜ必要なのか。組織はたえず進化しなければならない。進化を続けるには並大抵の苦労では済まないものの、成長し成功すれば、苦労はまたたく間に消え去り、幸せな気持ちが満ち溢れる。目的があるから前進がある。なしとげた暁《あかつき》のうれしさは、金では到底買うことができない。世の中が必要とする行動を続けることこそ組織の使命である。

一昨年、日本からこの地に来てくれたトシオ・ヤマオカはまれにみる能力がある。彼のことは、ドラッカーからも話があると思うが、諸君の手元にある資料をよく読むと、彼の能力が経営者としての実践に活きている様子がよくわかるだろう。私と彼とは、ドラッカーを通じて数回ともに行動し、知識を共有することができた。その事実を神に感謝する。私から諸君に伝えるべき要点はレジュメにある。このレジュメから各々が発想し学ぶことを期待する。多分、このように講演をするのも本日が最後となろう。ありがとう。

## マネジメントの力……ドラッカー

マネジメントをシステム化することによって組織で働くすべての人々で共有可能となり、生産管理の運営もスムーズになることは、誰もが知っていることだろう。残念ながら、わかってはいるもののマネジメントシステムに実際に取り組んでいる組織はまだまだ少ない。初めは戸惑いもあるかもしれないが、仕組みを具現化してこそ効果があり、生産効率も見事に上昇することを確信する。

私は経営者ではない。マネジメントについてデミング氏らとともに教える立場であるが、世界各国・

地域に視察・訪問した結果、指導者としては究極ではないにしても、組織の改善・改革に知恵を授け、伝承する力はもっているものと自負する。

人間は単純であり複雑な生き物でもあるが、人の力というものは、出せば出すほどミズーリ川の流れのごとく、永久に湧き出てくるものである。

頭は使うために神や先祖が与えてくださった。洗脳された頭を良き方に使うことで、さらに次の構想・アイデアが自然と生まれてこよう。

わずか二七のプロセスだが、複雑な事柄を横文字で表現するよりも、一目見て理解できるのがプロセスシートである。幾度となくトシオ・ヤマオカと交流している間に、私が彼に教えたことをよく理解した結果が二七のプロセスシートである。トシオ・ヤマオカは、今や実業家（経営者）であり、いくつかの組織のトップマネジメントである。多分、トップマネジメントとして、何を成すべきか、どうすれば人々に理解してもらい、運用に結びつけることができるのか……と、苦心惨憺《さんたん》の繰り返しだったろう。

新しい方法を編み出したこれらのシートは、見事に可視化されている。当然、彼は時代の変化に順応し、カイゼンを行うものと思う。私は彼に会うたびに、また通信（手紙や電話など）によりある一定のヒントを教えたのみである。

様々な帳票様式も使い勝手が良い。この作品もトシオ・ヤマオカのシンクタンクの力とニューヨーク大学を始め、各国からの留学生・大学院生らの知恵の結晶である。諸君（学生や年下に向かって）や皆様方（経営者や年上に向かって）が、プロセスシートと帳票様式をどのように使うかは、各自、良識をもって判断してください。なお、厳格に表現すると、「各種プロセスシートと帳票様式」は私たち三人に著作権がある事実を理解し、活用に供与していることに気づいていただきたい。ありがとうございました。

## チャンスと即断即決……トシオ・ヤマオカ

日本と欧米の違いをこの身で実感したことが多くある。

組織の能力は個々の知力の結晶であることを果たしてわかっているのだろうか？

組織の長たる立場となっている自分自身で反問するときがある。

少しばかりのヒントもチャンスであり、ビッグなチャンスもある。チャンスを逃してはならない。逃げ去ったものは大きい。チャンスはそのときに合った時空間に相応しいものであり、そのときに活かしてこそ価値がある。

数えてみると、ドラッカー氏に直接会うのは今回で一七回にもなる。デミング氏はドラッカー氏の紹介で六回会っているが、その出会いの中味がいつも新鮮で濃厚であることを、この会場に入るとき、ふと思い出した。

さて、要因分析やスワット分析はもとより、経営能力診断や自己評価などのシートは、組織の知力をも判断する秀れたツールと言って過言ではない。何枚かを休憩時間に使ってみるのも脳の活性化にも良いと思う。日本人は使おうとしないが資料は欲しいという。何かおかしい。欧米人は即座に活用されるのでうれしい。さまざまな仕組み（マニュアルなど）をもって組織に供与できることは、この上なき喜びである。

次に、「即断即決」と勝手な表現をしたが、欧米の人々は概して行動力がある。スピーディである。以前、いただいた博士号もその一つである。本日来られている教授の方々にもそのとき、審査していただき、その夜に結果報告を受けたことがある。

授与式も効率的で、〝出席もよし、郵送もよし〟というのは、相手を気遣う心得が欧米人にはあるのを感じる。日本はこのようなスピードもなく、何事も遅いのが実情だ。

余談だが、トリプルドクターやダブルドクターも欧米においてはおられるが、日本人はそれらを認めようとしないし、何か偏見視される。土木分野で工学博士として認めていただき、続いてマネジメント分野の経営学博士も、本校において授与された。皆様が受付で受け取られた私の名刺をご覧いただくと、そこには工学博士とのみ記載している。堂々と経営学博士を名乗るのは、マネジメントの究極に至ったと自分で判断したときにする（このことは、デミングにもドラッカーにも、日本の事情を以前申し上げていたので、両氏は腑に落ちないようであったが、理解していただいた）。

会場にお越しの皆様、つたない話をよくぞ我慢をしてお聞きいただきありがとう。

## パネルディスカッションとビジネス

約三〇分の休憩後、元ニューヨークタイムスの記者による司会で、壇上の我ら三人が参加者からの質問に応じる。

一人の質問は一件のみとするルール。質問者は自分の名札の番号と名前を言い我らに問いかける。我々三人の手元には、アルファベット順に名前と職業・職責がA４判のシートに記載されている。効率的である。当然、〝〇〇氏に質問〟と言うのは、日本と変わらない。

パネルディスカッションは約一時間。これほど永い時間をかけて行われるのは、私は初めて。終了後に司会者から教えてもらった中で、これほど熱気溢れるディスカッションはあまりないし、延べ二三件に及ぶ質疑応答も珍しいとのこと。

参加者の中で二人から、ビジネスにつながる問い合わせが私にあった。

一人の中年男性は、「日本に進出したいので市場調査をしていただきたい。進出可能だと判断した場合、場所・設備およびヘッドハンティングなども依頼したい」との相談。

もう一人は、やはり男性だが、結構ダンディな青年。「今、父とともに小さいながら、商社を営んでいる。日本のあらゆる製品をアメリカで売りたい。我が社の日本支店になっていただけないか」

ディスカッション終了後、私のところに挨拶にやってきた。主旨は十分わかったので、翌日、宿泊先のホテルへ来てもらうことを伝え別れた。

いずれも案件としては面白いし、海外との取引も急に始まったことに感激。

早々に弁護士立ち会いのうえ、契約し着手金を受け取る。スピーディだ。私の会社担当の弁護士は日本人で、日本の企業に精通している人物。

最終的に、二つの案件は多少の食い違いがあったものの、話し合いの中で相方の理解・認識も高まり完了した。当時の金額で、二件で約五〇〇〇万円の税引き後の純利益を単年度で得た。ひとえに社員が頑張ったから成功したもの。私はあくまで船頭に過ぎない。シンクタンクの会社スタッフは、このときわずか一〇人。とはいえ秀才ばかり。この年は一〇人全員に臨時ボーナスとして五か月分を支給。私は他の会社からの報酬もあるので、株主としての配当金のみを受け取り、ボーナスは〇円とした。

マネジメントシステムに関する特別講義とパネルディスカッション終了後、私の宿泊先のホテルにおいて、我々三人は企業者有志団体の会長（日本でいう経団連等に相当するカリフォルニア州の経営者の集まる組織）から食事会に招かれた。

随分と時間が遅いものの、ホテルの接客姿勢はいつものとおり。ホテルのオーナー自身も経営者団体の副会長であるとのこと。

我々三人を含め一二名の宴席。日本ならとりあえずビールで乾杯だが、ここアメリカでは、シャンパンで乾杯となる。

恩師であるデミングとドラッカーのいずれかが先に挨拶を述べるのが筋かと思っていたが、日本から来た私に気を遣ったのだろう。私が三人を代表して謝辞を述べるよう、乾杯の後、デミングとドラッカーから交互に耳打ちされる。恩師の言葉をありがたく承《うけたまわ》り、私は応じた。素直に承るのも礼儀。

一時間少々でお開きとなり、我ら三人はロビー横にあるソファーに座り、この数日間のことを振り返り、また、今後のマネジメントのあり方などについて語り合った。

翌朝、三人で食事。談笑は小一時間か。デミングもドラッカーも少しばかり疲れているように思った。それでも笑顔の二人。名残り惜しいが、それぞれ都合もありここで別れる。またの機会に会うことを互いに誓う。

## 対面して学んだ最後の教え

そのとき、両氏が語ったうちの一部であるが、今も私の心にある教えを以下に記す。

## デミング

▼知ったかぶりして語るのは愚の骨頂。知るべくして語る人は二〇%の人だ。
▼根拠づけるためには、幾年かのデータで確かな次の道筋を明らかにする。
▼それが統計的手法であり、目先（わずか一年）のデータでは継続的改善とはいえない。
▼時系列で観測した結果に基づく統計は信用してもよい。しかし、自分なりに考察することを忘れてはならない。根拠は正しいか否か？ 少なくともレビューすること。
▼経営学は人間学である。人は一生をそれぞれ経営しているのだ。
▼どん底を知らない人は頂点も知らない。苦境から這い上がった組織や人は、成長は地道だが成功率は実に高く、その成果は世界各国にも付加価値を与えるだろう。

## ドラッカー

▼書くことによって、思考力と表現力が高まる。言われたことを書くときにその人の能力がわかる。
▼宿題を与えない教授は、学生を育てる責任を果たしていないに等しい。
▼世の中で最も多いのは無能（普通）な人（八〇%を占める）で、残りの二〇%の人が売上や利益を生み出している。

▼理想は誰でも描ける。戦略的に実践してこそ明日がある。

▼組織は現在と未来の両方の利益を追って、利益の一部を社会のために使え。

▼私は、アンドリュー・カーネギーの「重要なことは、できないことではなく、できることである」、「自分より優れた者に働いてもらう方法を知る男、ここに眠る」という言葉が好きだ。

# おわりに

「猛烈に働く」というのは苦しいようで楽しい。人間という生き物は暇なときにはろくでもないことを思い浮かべるようだ。

講演の依頼、ＩＳＯのコンサルティングの依頼、ＣＰＤ・ＣＰＤＳ教育の依頼に対し、顧客の要望に相応しい計画・レジュメの準備、各種学協会団体との関与、日々の学習とメンバーの指導など。以上の時間の隙間をかい潜って本文をまとめていく私の生活は正しく〝七転八倒〟の状況である。

しかし、原稿に書く内容は頭の中に蓄積されていて、過去の資料を確認しながらの作業なので、それほど苦にはならなかった。とはいうものの、多少乱雑な部分もあるだろうが、良識ある読者に理解していただきたく思う。不具合なところはご勘弁願う。

マネジメントシステムの要求事項の文中にもあるが、〝事実を客観的に証す〟ことは、組織やそこで働く人々の自己啓発・自己改善につながる。心のうちを、または欠点を曝け出してこそ継続的改善がなされ、ひいては顧客満足と事業存続が可能となる。

本書は、このような主旨を重んじ、五十数年間携わったマネジメントの最新版（二〇一五年版）に相応しい内容に結びつけるべく鋭意努力してみた。

〝四分の匠、六分の楽しさ〟を、原稿を読み終えた仲間は絶賛し、私は微笑。〝元祖「品質マネジメント」ピーター・F・ドラッカー〟として、『知者は点ではなく線で学ぶものである』〈下〉（文芸社刊）にも書いたが、ドラッカーに初めて出会ったことを中心に記述した。それほど期待をしていなかったが、同書は瞬く間に売れ、何人かの読者から感謝の言葉をいただき、数社の企業からコンサルティングの依頼もあり、それぞれの人から「ドラッカーとデミングとの交流で学んだことに関して一冊の本にしていただけないか……」との声もあった。あれから六年が経過し、今回やっとまとめることができた。なにも皆様の意向を無視した訳ではない。言い訳のようだが、ＩＳＯの規格は、おおむね五〜八年に一度見直しされた。品質および環境マネジメントシステムが二〇一五年版として大幅に改訂されたこの時期が一つの節目だと思うし、絶好のチャンスでもある。

いまゲラを読み終えて、多少の困惑を隠せない。読み返しながらあれこれと思い巡らす。一度世に出た文章は、もっと追究して記すべきだと反省したところで本人が勝手に今さら消すことはできない。隠微な欲望は人間にはあるようだ。完全無欠を期することが本では不可能であっても、審査や講演やコンサルティングなどでは相手に満足していただける努力は心得ている。

本書を書くに際し、過去の資料・日記・論文などを調べなければならなかった。お陰様で二〇㎡ほどの書斎のスペースの整理・整頓・清掃・清潔（４Ｓ）が見事に完了。我ながらびっくり仰天。しかしながら一八回もの引っ越しを繰り返しているためか、間違って引越業者が写真類の段ボール箱を処分したことに後日気付きガックリ!!

本書を仕上げるに際し、〝にほんそうけんコンサルタント〟の仲間の手助けを始め、ＱＭＳ、ＥＭＳ、ＩＳＭＳの認証登録をしている株式会社マルワの印刷のノウハウと、経験豊かな藤本敏雄氏が経営されている有限会社万来舎のお力添えのもとで発行に至ったことを心より御礼申し上げます。

それぞれの人々はトモダチと同然。本書を買っていただき、活用される人々も当然トモダチだと私は思う。

京セラを創業された稲盛和夫名誉会長の経営理念に「利己的な欲望ではなく、世のため人のために働くという他人を思う心が、仲間の結束や相手の信頼を生むことにつながる」というものがある。

この理念は、ドラッカーにもデミングらにも共通していたことを回顧する今の私の心情である。

## 主たる参考図書

「標準化と品質管理」（月刊誌）　日本規格協会
「ＩＳＯ９００１：２０１５品質マネジメントシステム─要求事項」　日本規格協会
『人財力革命』　山岡歳雄　文芸社
『人財力革命Ⅱ』　山岡歳雄　文芸社
『知者は点ではなく線で学ぶものである』（下）　山岡歳雄　文芸社
『しんみなしせい　ひとみなえがお』（マネジメント編）　山岡歳雄　文芸社
『人は宝、人は財産』山岡歳雄　万来舎

著者プロフィール

**山岡 歳雄**（やまおか としお）

博士（経営・工学）、QMSエキスパート審査員、QMS（品質）・EMS（環境）・OHSAS（労働安全衛生）各主任審査員

にほんそうけんコンサルタント統括代表（10名の相棒の代表）

1938年京都府生まれ、1963年関東学院大学工学部土木工学科卒業

1994年5月よりISO／IEC関連専門コンサルタント（認証取得、維持改善、内部監査員資格取得、自己適合宣言審査、模擬審査、第二者監査代行、第一者監査代理人方式監査等）、および経営コンサルタント（新規事業、人財育成、就職活動支援を中心に学生や企業への教育指導）。CPDS（継続的専門能力開発）教育など。

元DDIM研究員（デミング、ドラッカー、インターナショナル、マネジメントインスティテュート）

日本規格協会、ISO先端技術研究会座長、渋沢栄一記念財団、日本笑い学会などの会員

〔ISOと人財に関連する著書〕

『人財力革命　躾と人財育成で、人も組織も大躍進』（2009年　文芸社）

『人財力革命Ⅱ　ルールとマナーで日本を活性化する！』（2010年　文芸社）

『知者は点ではなく線で学ぶものである（上巻／下巻）』（2011年　文芸社）

『しんみなしせい　ひとみなえがお（マネジメント編／ことわざ編）』（2013年　文芸社）

『「人災」の本質、災害・事故を防ぐ44の処方箋』（2013年　万来舎）

『人は宝、人は財産　私のISO流儀』（2015年　万来舎）

# 山岡流経営学の真髄は
# すべてドラッカーから学んだ

2016年８月25日　初版第１刷発行

著　書　山岡 歳雄
発行者　藤本 敏雄
発行所　有限会社万来舎
〒102-0072
東京都千代田区飯田橋2-1-4　九段セントラルビル 803
TEL 03（5212）4455
印刷所　株式会社マルワ



定価はカバーに表示してあります。

ISBN978-4-908493-06-5